739

16856

Lafarge

PLAIDOYERS

DE

Mes DAVERNE ET LANVIN,

POUR MADAME **LAFARGE.**

DEVANT LA CHAMBRE CRIMINELLE DE LA COUR DE CASSATION.

(DÉCEMBRE 1840).

PARIS,

IMPRIMERIE DE MOQUET ET COMPAGNIE,

RUE DE LA HARPE, 90.

1840

PLAIDOYERS

DE

M^{ES} DAVERNE ET LANVIN,

POUR MADAME **LAFARGE.**

DEVANT LA CHAMBRE CRIMINELLE DE LA COUR DE CASSATION.

(DÉCEMBRE 1840).

PLAIDOYER DE M^E DAVERNE.

MESSIEURS,

L'importance du rapport que vous venez d'entendre, ses profonds et consciencieux aperçus, l'attention si religieuse que vous avez prêtée à sa lecture, la présence au siége du ministère public de l'illustre chef du parquet de la Cour, tout, jusqu'à la foule qui nous presse, nous rappellerait, si nous avions pu l'oublier un instant, que vous allez exercer votre suprême juridiction dans une circonstance solennelle, que vous avez à juger une de ces causes qui, dans toutes leurs phases, ont le triste privilége de tenir éveillée l'attention publique.

Chargé par la confiance de madame Lafarge et de son honorable famille de vous dénoncer le fatal arrêt qui leur a porté un coup si douloureux, j'ai senti dès l'origine, Messieurs, qu'une effrayante responsabilité pesait sur moi, et vous comprendrez facilement qu'un pareil fardeau m'ait paru au-dessus de mes seules forces, et que j'aie appelé à mon aide l'expérience et le dévouement d'un confrère qui a fait ses preuves.

Hélas ! pourquoi le rôle réservé à la défense aux pieds de cette Cour est-il si restreint ? Pourquoi les débats si palpitants de la Cour d'assises ne peuvent-ils se rouvrir devant vous ? Pourquoi la mission que vous avez reçue de la loi vous interdit-elle, Messieurs, de pénétrer les lugubres mystères du Glandier, d'y porter le flambeau de votre haute et impartiale justice ? La voix qui a touché si vivement l'auditoire de la Corrèze et qui a trouvé de l'écho dans la France entière, la voix qui eût infailliblement fléchi le cœur des jurés auxquels elle s'adressait, s'ils n'eussent pas été placés, par une tactique aussi barbare qu'illégale, sous l'empire de préventions irrésistibles ; cette voix éloquente s'élèverait en ce moment à votre barre, et le triomphe de la juste cause à laquelle elle s'est noblement consacrée serait bientôt proclamé à la face du pays.

Mais ici les scènes dramatiques de Tulle ne se reproduiront pas ; ici la lutte si animée entre l'accusation et la défense ne peut se renouveler. Point d'appel aux passions, point de place aux mouvements oratoires, et le généreux défenseur de madame Lafarge s'est condamné au silence. Il est venu cependant s'asseoir à nos côtés pour protester jusqu'à la fin, au moins par sa présence, et de la sincérité de ses convictions et de l'innocence de sa malheureuse cliente.

Quant à nous, notre devoir, nous ne l'ignorons pas, nous impose l'obligation de n'employer que les armes de l'austère raison ; nous devons établir le débat entre la loi et un arrêt, nous devons nous attacher à un seul point, c'est à démontrer que les formes protectrices de la défense ont été méprisées, foulées aux pieds. Notre argumentation, nécessairement sèche et aride, offrira peu d'attraits à la curiosité publique, et pourtant l'affluence est grande dans cette enceinte!... C'est, Messieurs, il nous est doux de le croire, que la plupart de ceux qui nous écoutent ont conservé le plus vif intérêt pour cette existence naguère si brillante et maintenant si flétrie; c'est que, si la discussion de nos froides questions de droit est sans émotions, leur solution est pleine d'espérance et de terreur ; c'est qu'au fond d'une prison gémit une jeune femme en proie à toutes les tortures physiques et morales, et que son sort dépend de la décision que vous êtes appelés à rendre ; c'est, en un mot, que, amis ou ennemis, tout le monde sait que vous tenez en vos mains sa vie ou sa mort.

Ah ! tout n'est pas fini, grâce au ciel, entre la justice des hommes et l'infortunée Marie ! La justice divine plane sur ce sanctuaire ; nous l'invoquons avec ardeur, et elle nous donnera la force d'éclairer la conscience de nos juges, de leur faire partager les convictions qui nous animent ! Non, cette épouvantable condamnation sous laquelle se courbe en ce moment la tête de la victime, ne recevra pas son accomplissement. Non, une nouvelle et funeste page ne viendra pas s'ajouter à la tragique histoire des erreurs judiciaires !

Si nous voulions, Messieurs, parcourir en entier le dédale de la volumineuse procédure commencée dans la chambre même de madame Lafarge et terminée à Tulle ; si nous voulions relever une à une les infractions à la loi dont la défense a eu à se plaindre, la série en serait trop longue, et remonterait à l'origine même de l'instruction.

Pour ne pas abuser de vos moments précieux, nous avons dû ne nous attacher qu'aux plus saillantes, à celles que nous avons jugées capables de faire la plus forte impression sur vos esprits.

Ainsi nous ne parlerons pas de cette première autopsie, faite avec un laisser-aller qui a provoqué les remontrances du président ; de ces vases contenant le prétendu corps du délit, livrés pendant plusieurs jours à la merci des ennemis de l'accusée ; de ces pièces de conviction abandonnées, sans cachet et sans étiquette, dans un greffe ouvert à tout venant ; de ces négligences inouïes qui avaient excité d'abord l'incrédulité de l'avocat général, et qui n'en ont pas moins été établies aux débats de la manière la plus avérée ; de cette absence complète des précautions les plus vulgaires, qui contraste si fort avec les mesures, que l'on peut dire minutieuses, prises, hélas ! trop tard, par la Cour d'assises ; en un mot, de ces graves irrégularités antérieures à l'arrêt de renvoi, qui enlevaient à l'accusation sa base principale et auraient dû la faire crouler immédiatement.

D'un autre coté, nous n'insisterons pas non plus dans nos plaidoiries sur les violations formelles des règles de l'expertise légale et des prescriptions impérieuses de la science, qu'un savant chimiste a signalées et mises en relief avec une énergique concision dans un mémoire qu'il a fait distribuer à la Cour. Cette œuvre, remarquable à plus d'un titre, vous l'avez certainement lue, Messieurs, avec toute l'attention qu'elle mérite. Je ne doute pas que son ensemble ne soit resté profondément gravé dans vos souvenirs. M. le conseiller-rapporteur a d'ailleurs pris la peine d'en faire une analyse complète, et ce serait en atténuer l'effet que d'essayer de la reproduire partiellement dans notre discussion.

1er MOYEN — Je m'empresse donc d'aborder le premier moyen de cassation formulé dans nos conclusions et tiré de la publication anticipée par la voie de la presse de l'acte d'accusation :

L'acte d'accusation, Messieurs, l'arme la plus redoutable peut-être dans les mains des ministres de la loi, s'il a été inspiré par la passion, et Dieu sait si celui que nous attaquons est à l'abri de ce reproche, arme aiguisée à loisir, et dont la première blessure est souvent mortelle; l'acte d'accusation, œuvre préparée de longue main, où le rédacteur, par cela seul qu'il croit à la culpabilité, rapproche les circonstances de la cause dans une intention systématique et exclusive, où, sans même qu'il s'en doute (telle est l'infirmité de l'humaine nature), il accueille les charges avec complaisance, les énumère avec détails, les fait ressortir avec force, et ne laisse pas de place à la justification; l'acte d'accusation que la loi, dans son impartialité, a voulu, il est vrai, faire connaître d'avance à l'accusé pour qu'il puisse s'apprêter à en parer les coups, mais dont elle interdit l'usage au ministère public, tant que la défense ne peut pas se placer en face; l'acte d'accusation, enfin, dont le secret ne peut être révélé aux jurés avant le grand jour de l'audience, sans qu'immédiatement la balance de la justice ne fléchisse.

Certes, Messieurs, c'est déjà un bien grand mal que la publicité puisse s'emparer d'une affaire criminelle, lorsque l'instruction la tient encore enveloppée de ses voiles. Les détails, nécessairement inexacts, incomplets, sinon controuvés, ainsi jetés en pâture à une curiosité dévorante, ne peuvent qu'égarer l'opinion, porter le deuil dans les familles, entraver la marche de la justice.

Il y a là un désordre moral dont tous les hommes sages s'affligent depuis longtemps et dont ils demandent à grands cris le remède ; mais jamais cet abus n'avait été poussé aussi loin que dans le triste procès qui nous occupe.

J'ai là en ma possession la collection des articles qui ont paru dans les feuilles de la localité, à Brives, à Tulle, à Limoges ; le nombre en est effrayant, la rédaction en est quelquefois révoltante. Mais je vous en épargnerai la lecture, Messieurs ; je me garderai de produire devant la justice une seule page de cette inconvenante controverse.

Quant aux déplorables effets qui en ont été la conséquence, je n'essaierai pas de vous les dépeindre moi-même, j'aime mieux emprunter le langage d'un membre distingué de la magistrature française.

(Me Daverne lit un passage du discours prononcé le 3 novembre 1840, par M. Croissaut, substitut du procureur du roi, dans l'audience de rentrée du tribunal de la Seine, puis il ajoute :)

Vous l'avez entendu, Messieurs ; l'auteur de cette mercuriale si digne et si ferme ne croit pas qu'après avoir lu tout ce qui a été publié à l'avance sur le tragique événement du Glandier, il eût pu en conscience prendre place parmi les juges de Mme Lafarge ; et remarquez-le bien, c'est un magistrat qui fait cet aveu, c'est-à-dire un homme pour lequel l'impartialité est non-seulement un devoir, mais une pratique de tous les jours, qui a l'habitude de se défier de ses premières impressions et de n'asseoir son jugement que sur un débat contradictoire ; et il ne parle que de la polémique de la presse quotidienne, c'est-à-dire de ce qu'il y a au monde de plus mobile, de plus incertain, de plus hasardé ; il ne parle que de ces bruits sans consistance, de ces renseignements puisés je ne sais où, contre lesquels tout esprit sérieux doit naturellement se tenir en garde.

Mais que sera-ce si ces journaux tombent dans les mains d'hommes simples, étrangers aux affaires, accessibles aux influences extérieures, comme étaient, on doit le supposer, la plupart des jurés de la Corrèze? Que sera-ce surtout si, au lieu de l'opinion individuelle d'un écrivain sans caractère public, ils y lisent en toutes lettres un document officiel, authentique, émané d'une autorité qui commande la confiance, un acte qui, légalement, est toujours réputé le résumé froid et impartial des faits, alors même qu'il n'est que l'expression ardente d'une conviction passionnée? Sera-t-il possible qu'une pareille lecture laisse à ces jurés l'indépendance d'esprit indispensable pour remplir, selon le vœu de la loi, les importantes fonctions que la société leur confie? Poser la question c'est la résoudre.

Maintenant est-il vrai en fait que l'acte d'accusation ait été rendu public longtemps avant l'ouverture des débats? Est-il vrai que cette révélation, qui a nécessairement influé sur le jury, doive être attribuée, non à l'accusée, mais aux ministres de la loi? Par malheur pour le parquet de Limoges, la réponse à cette seconde question ne peut encore être douteuse.

Le 5 août, cet acte était signé à Limoges; le 10, la notification en était faite à madame Lafarge, à Brives; et dès le 4, c'est-à-dire la veille même du jour où il recevait la signature qui lui a donné son existence légale, il paraissait à Paris dans le journal judiciaire le plus répandu, de telle sorte qu'on s'est empressé de le communiquer, alors même que ce n'était encore qu'un simple projet, tant on avait hâte de frapper l'opinion publique!...

Dira-t-on que l'acte transcrit en entier dans le numéro que je tiens à la main n'émane pas des magistrats de Limoges? S'appuiera-t-on sur les légères variantes qu'il a subies depuis le moment où il a été expédié à Paris jusqu'au jour de sa notification à l'accusée, pour soutenir que c'est une œuvre controuvée, apocryphe? Mais qui donc l'aurait fabriquée? Ce ne sont pas sans doute les rédacteurs de la *Gazette des Tribunaux ;* leur loyauté bien connue les met à cet égard à l'abri du plus léger soupçon. Ce n'est pas assez, et quand on songe à l'importance d'un tel document et aux paroles de blâme dont ces rédacteurs se sont crus obligés de le faire précéder, on doit convenir en outre qu'ils ne l'auraient certainement pas mis au jour s'ils ne l'avaient pas puisé à une source officielle.

La responsabilité de l'impression doit donc retomber tout entière sur les auteurs mêmes du réquisitoire; et si la presse a eu un tort dans cette circonstance, c'est de n'avoir pas été plus circonspecte que les organes de la loi, c'est de n'avoir pas eu le courage de refuser une insertion demandée dans des vues qu'il nous reste à apprécier.

Voyons donc maintenant quel a été le véritable mobile de cette étrange conduite? pourquoi ces communications insolites, extra-légales? Est-ce par bienveillance pour l'accusée? est-ce pour ajouter aux garanties que la loi lui accorde? De la bienveillance, des garanties... oh! nous ne pouvons le croire. La main qui a livré les secrets de l'instruction n'est-elle pas celle qu'on retrouve aux assises tenant le glaive de la justice? N'est-ce pas, en effet, un membre du parquet de Limoges qui, dès l'ouverture des débats, alors que l'accusée était encore, même à ses yeux, revêtue de sa robe d'innocence, lui adressait ces inconcevables apostrophes, que je n'ose pas même répéter? N'est-ce pas un membre du parquet de Limoges qui, faisant un crime à madame Lafarge de l'intérêt qu'inspiraient ses souffrances, s'est écrié, après ces deux expertises qui avaient excité un élan spontané dans l'auditoire et qui étaient bien de nature à désarmer sa colère : *Marie Capelle, vous vous repentirez de ces applaudissements?*

On ne peut le nier; c'est dans un but hostile à l'accusée qu'a eu lieu la publication que nous déférons à votre censure; on a voulu faire un appel aux préventions, et cet appel n'a été que trop bien entendu. Vous savez en effet, tout comme moi, Messieurs, quel long cri d'indignation s'est alors élevé de tous les coins de la France, que de passions soulevées, que de haines déchaînées, que de colères amoncelées autour d'une pauvre prisonnière! Que de fois n'ai-je pas entendu répéter : «Le doute sur sa culpabilité n'est plus permis, l'acte d'accusation l'a prouvée.» Et moi-même, juste ciel! n'ai-je pas eu besoin de recueillir tous mes souvenirs, de rassembler toutes mes forces pour résister au torrent qui menaçait de tout entraîner?

Sans doute qu'à l'heure, si lente à venir, où il a été enfin permis à la défense de se faire entendre et de dérouler cette correspondance intime, dépositaire des affections les plus saintes et les plus douces, une réaction favorable s'est bien vite opérée ; sans doute qu'alors bien des préventions sont tombées, bien des préjugés ont été détruits, bien des convictions se sont modifiées, bien des sympathies ont surgi, que rien, grâce au ciel, n'a pu encore ébranler. Mais combien est-il de ces esprits moroses qui croient plus facilement le mal que le bien ; combien de ces caractères obstinés qui se font un faux point d'honneur de ne jamais se départir de l'opinion qu'ils ont une fois adoptée ! Pour de tels hommes, la première impression produite par l'acte d'accusation est restée ineffaçable ; ils ont fermé l'oreille à toute justification ; et si, par malheur pour l'accusée, il s'en est rencontré plusieurs parmi les membres du jury, nous blâmera-t-on de penser et de dire que l'arrêt de condamnation était écrit d'avance ?

Écoutez, Messieurs, les révélations qui nous sont parvenues de toutes parts, sans que nous soyons allés au-devant d'une seule.

M. Brindel, chef définitif du jury, à la place de celui qui avait été désigné par le sort, et qui a dû nécessairement le choix de ses collègues à l'ascendant qu'il a pris dans la salle des délibérations, à l'influence qu'il a exercée dans la discussion, M. Brindel avait déclaré hautement, avant de se rendre à Tulle, *que les débats ne lui enlèveraient pas la persuasion de la culpabilité de madame Lafarge, et qu'il la condamnerait si le sort l'appelait à faire partie du jury de jugement.*

M. Plazanet, dès la fin de janvier et quelques jours encore avant l'ouverture des assises, au milieu d'une des foires les plus fréquentées du Limousin, s'exprimait en termes injurieux sur le compte de l'accusée, et ajoutait : *Si je suis appelé à la juger, rien ne pourra m'empêcher de la condamner.*

M. Dussol, pendant les débats, disait, sur le seuil même du temple de la justice : *M. Orfila ne trouverait rien, que l'accusée ne serait pas moins condamnée.*

Enfin, un quatrième juré, M. Terrioux, a osé proférer à la porte d'un café de la ville cette cruelle parole : « *Je désire que les chimistes de Paris trouvent du poison dans le corps de Lafarge.* »

Ce sont-là des faits de la plus haute gravité. Nous les avons déjà fait constater pour la plupart dans des procès-verbaux signés de personnes dignes de foi, et dont M. le rapporteur vous a fait connaître la substance.

Mais nous ne demandons pas que vous vous en teniez à ces déclarations extra-judiciaires. Nous appelons de tous nos vœux, nous réclamons de toutes nos forces une enquête régulière, et cette enquête vous jugerez sans doute convenable de l'ordonner, à moins toute fois que vous ne trouviez surabondante la preuve que nous offrons de faire.

N'est-ce pas assez, en effet, que l'acte d'accusation soit parvenu aux jurés avant les assises, et que cette communication ne puisse être le fait de l'accusée (et ces deux points, Dieu merci! sont assez constants au procès), pour que le droit sacré de la défense se soit ainsi trouvé dangereusement compromis, et que tout ce qui a pu s'ensuivre reste infecté d'un vice radical?

Suivant nous et suivant l'auteur de *la Vérité sur le procès Lafarge,* de cet utile auxiliaire qui est venu grossir nos rangs la visière baissée, il n'en faudrait pas davantage pour entraîner une cassation, alors même que nous n'aurions pas à signaler la violation d'une disposition expresse du Code d'instruction criminelle. Et, de fait, le principe qui ne permet à l'accusation et à la défense que l'emploi d'armes égales est un principe de droit naturel, supérieur à toutes les lois écrites. C'est une loi d'humanité et de justice que les rédacteurs de nos Codes ne pouvaient oublier, et dont ils se sont pénétrés au contraire pour en faire une large et philanthropique application.

Il y a plus : c'est que si parfois ils font pencher la balance d'un côté, c'est toujours en faveur de la défense. Ainsi, d'après l'article 401 du Code d'instruction criminelle, dans le cas où les jurés sont en nombre impair, l'accusé peut exercer une récusation de plus que le procureur général.

Ainsi, dans le débat oral, le défenseur de l'accusé a toujours la parole le dernier (art. 335).

Disons-le donc, tout ce qui donne à l'accusation le moindre avantage sur la défense tend à fausser tout l'ensemble de notre législation criminelle. Mais si une infraction aussi évidente à l'esprit de la loi ne paraît pas suffisante, si l'on veut que nous nous appuyions sur la violation d'un texte formel, nous en avons plus d'un à citer.

L'article 312 n'exige-t-il pas le serment des jurés avant qu'il leur soit rien révélé des faits du procès? Ne doivent-ils pas s'engager à *ne communiquer avec personne* jusqu'après leur verdict, et à ne se *décider que d'après les charges et les moyens de défense* produits en face de la justice ?

A quoi bon tant de précautions pour assurer leur indépendance pendant les débats, si cette indépendance est enchaînée d'avance ? A quoi bon tant de mesures pour écarter la contagion, si déjà le mal est au cœur?

Ce n'est pas tout : l'article 313 détermine précisément le moment où l'acte d'accusation doit parvenir à la connaissance du jury. Il ne doit être lu qu'après la prestation du serment prescrit par l'article 312, et encore après la lecture de l'arrêt du renvoi. Enfin, l'article 317 veut que tous les débats soient oraux, et les articles 315 et 335 n'autorisent le procureur général à faire un appel à la conviction des jurés que devant les assises. Donc toute publication antérieure aux débats est une violation formelle des articles 312, 313, 315, 317 et 335, que je viens de citer.

Au reste, Messieurs, la doctrine que je soutiens a été consacrée dans des circonstances bien moins favorables, par un arrêt fort remarquable de la Cour d'assises de la Seine, rendu le 10 juin 1830, sur les conclusions de **M. Tarbé.**

(Après avoir donné lecture de cet arrêt, M. Daverne poursuit :)

Assurément si la simple distribution, par un accusé, d'un écrit qui a trait indirectement à son procès, est contraire à la loi, à plus forte raison en sera-t-il de même de l'impression de l'acte d'accusation dans les journaux, le plus rapide et le plus étendu des modes de publicité.

En résumé, nous le disons à regret, mais notre devoir nous y oblige , le ministère public a employé pour agir sur l'opinion une tactique que la loi réprouve ; il a outre-passé tous ses droits, il a commis un véritable excès de pouvoir. Les jurés, dominés par les impressions extérieures qu'ils ont nécessairement subies, n'ont pu entrer en hommes impartiaux dans l'exercice de leurs fonctions. Nous espérons donc fermement que ces considérations vous détermineront à casser et l'acte d'accusation et l'arrêt de condamnation qui n'en a été que la conséquence forcée.

Mais déjà la Cour d'assises est réunie à Tulle , et elle commence par commettre une double usurpation des attributions du président.

2e MOYEN.

Permettez-moi, avant toute discussion , de vous lire la partie seulement de l'arrêt qui a ordonné l'adjonction de deux magistrats supplémentaires.

La Cour de Tulle s'appuie d'abord avec fondement sur les termes de l'article 394 pour motiver l'appel de jurés suppléants; puis elle ajoute :

« Attendu, d'une autre part, qu'il convient également d'appeler deux autres magistrats comme suppléants, pour servir de remplaçants dans le cas où l'un des trois composant la Cour d'assises ne pourrait pas continuer ses fonctions; qu'à la vérité, la loi qui autorise l'adjonction des jurés suppléants ne parle pas de celle des magistrats , mais que le même inconvénient peut exister du côté de la Cour comme du côté du jury; qu'y ayant ainsi parité de position, il y avait aussi parité de précautions à prendre.

« Ordonne que MM. Ceyras et Grèze, juges près le tribunal de Tulle, seront appelés pour assister aux débats, etc. »

Ainsi, la Cour d'assises reconnaît elle-même que le Code d'instruction criminelle se tait sur l'autorité qu'elle s'est arrogée, et cependant elle a passé outre.

Pour se convaincre qu'en agissant ainsi elle a fait une fausse application de l'article 394 par elle invoqué, et violé l'article 268, il est bon de rappeler qu'avant la réforme introduite en 1832 dans le Code d'instruction criminelle, cette loi était muette aussi bien sur l'adjonction des jurés que sur celle des juges suppléants ; cependant, la nécessité de recourir à cet expédient, pour ne pas entraver la marche de la justice, s'était fait souvent sentir.

Mais comment s'y prenait-on ? C'était le président seul qui ordonnait les adjonctions, et il puisait son droit dans l'art. 268.

En effet, toute mesure qui n'a pas été prescrite par la loi, mais qui est indispensable ou seulement utile à la manifestation de la vérité et à la bonne administration de la justice, rentre essentiellement dans le pouvoir discrétionnaire, pouvoir de sa nature un peu arbitraire, et dont l'exercice ne peut être renfermé dans des limites bien fixes. Or, cette autorité, l'art. 268 ne la confère qu'au président. Il n'y a que lui qui puisse aviser à l'imprévu.

Quant à la Cour, ses attributions sont toutes déterminées d'une manière très-explicite. Elles n'ont rien d'élastique, si je puis m'exprimer ainsi ; en un mot, elle ne peut faire que ce que la loi l'autorise précisément à faire.

Si donc le Code de 1832 n'avait pas introduit un droit nouveau, n'avait pas conféré en termes exprés aux cours d'assises un pouvoir qu'elles n'avaient pas antérieurement, relativement aux jurés suppléants, ce serait encore au président qu'il appartiendrait d'en ordonner l'adjonction toutes les fois que la nécessité l'exigerait.

Cette attribution lui a, il est vrai, été enlevée par le nouvel art. 394.

Mais il n'est pas permis d'ajouter aux dispositions de cet article, et comme il ne parle pas des juges suppléants, il est certain qu'à cet égard il n'a rien été *innové*, et que les pouvoirs du président n'ont pas été restreints.

C'est au reste, Messieurs, ce que vous avez déjà décidé par un arrêt du 19 juillet 1832, rendu au rapport de M. Meyronnet de Saint-Marc.

quelques jours après la mise en vigueur de la loi du 28 avril 1832.

Je lis dans cet arrêt : « Que sous le Cod. d'Instr. crim. de 1808,
» la nécessité d'appeler des juges supplémentaires a toujours été re-
» connue, et que le nouveau Code ne contenant rien de contraire à
» cette adjonction, elle rentre dès-lors dans les pouvoirs que le pré-
» sident des assises tient de la loi pour assurer la bonne administra-
» tion de la justice. »

Il est vrai que peu de temps auparavant et par un arrêt du 11 mai
1833, vous aviez résolu cette question dans un sens différent. Vous
vous êtes appuyés sur ce que la loi du 25 brumaire an viii, qui autó-
risait les tribunaux criminels à s'adjoindre des juges suppléants, ne
vous paraissait pas abolie par le Code d'Instr. crim. Mais, il faut bien
le remarquer, la loi de 1832 n'est devenue exécutoire qu'à partir du
1er juin, et par conséquent votre arrêt est intervenu sous l'empire
de la loi ancienne. Or, si à cette époque en invoquant le principe
que les lois générales ne dérogent pas aux lois spéciales, on pouvait
soutenir avec une apparence de raison, que les dispositions de la loi
du 25 brumaire an viii, relatives aux tribunaux criminels, étaient
applicables aux cours d'assises ; il n'en peut être de même aujour-
d'hui que le législateur par un article spécial a défini l'étendue des
pouvoirs de ces tribunaux, et qu'il a de plus donné suffisamment à
entendre que la législation de l'an viii était abrogée. En effet, la loi
du 25 brumaire autorisait également les tribunaux criminels à ordonner l'adjonction des jurés suppléants, et si elle eût été encore en
vigueur, quelle nécessité d'introduire dans le Cod. d'Instr. crim. le
nouvel article 394 pour attribuer aux cours d'assises un pouvoir
qu'elles auraient eu déjà ?

Ce sont ces considérations, sans doute, qui vous auront déterminés
à revenir par l'arrêt du 19 juillet 1832 que je viens de rappeler sur
la doctrine émise dans celui du 11 mai précédent.

Ainsi en admettant avec l'arrêt de Tulle que , pour maintenir la
Cour et le jury au complet pendant les débats, il y eût à prendre *parité* de précautions ; d'après le dernier état de votre jurisprudence, l'une
de ces précautions regardait le président et l'autre la Cour d'assises.

D'ailleurs, et dans l'hypothèse où il aurait appartenu à la Cour entière d'ordonner l'adjonction de deux juges, elle ne pouvait les désigner elle-même.

C'est là une mesure d'ordre intérieur nécessairement réservée au chef de la Cour, à celui qui a la police de l'audience. Cette désignation est donc encore un empiétement sur les pouvoirs du président.

Dira-t-on que la loi ne prononce pas de nullité expresse pour de pareilles infractions? Nous répondrons par un seul mot : c'est qu'aux termes de l'art. 408, lorsqu'il y a excès de pouvoir ou violation des règles de la compétence (et ici il s'agit bien d'une incompétence, d'un excès de pouvoir), la cassation doit être prononcée, bien que la peine de la nullité n'ait pas été textuellement édictée dans la loi.

3e MOYEN.

La cour d'assises de Tulle ne s'est pas contentée de choisir elle-même les juges suppléants ; immédiatement après elle a annulé un tirage du jury qui était en voie d'exécution, et s'est immiscée ainsi dans des opérations auxquelles elle aurait dû rester complétement étrangère.

Dès l'abord nous ferons observer que d'après les faits constatés, il n'y avait pas lieu de recommencer ce tirage.

Que voyons-nous en effet dans le procès-verbal? le président annonce qu'on peut opérer 18 récusations; puis on procède au tirage, et quatre noms avaient déjà été récusés, trois par la défense et un par l'avocat général, lorsque ce dernier croit s'apercevoir que l'indication donnée par le président n'est pas exacte, et qu'au moyen de l'adjonction des jurés suppléants, le nombre des récusations se trouve réduit à seize. Il requiert, en conséquence, l'annulation de tout ce qui vient d'être fait, et la Cour prend une décision conforme.

Les termes de l'arrêt que vous connaissez établissent de la manière la plus positive que le seul motif qui ait déterminé la Cour à détruire une opération aussi importante est l'erreur dans laquelle le président serait tombé.

Mais d'après l'art. 399 du Cod. d'Instr. crim. qui détermine les formalités du tirage, le président n'est nullement tenu d'indiquer le nombre des jurés à récuser. C'est la loi qui fixe ce nombre, et l'accusé aussi bien que le ministère public sont censés la connaitre sans que le président ait besoin de leur en rappeler les termes. L'avertissement donné à tort ou à raison par le président n'était donc pas de nature à étendre ou à restreindre le droit de récusation, et de plus il était complétement superflu. Or, en supposant qu'il fût erroné, il devrait être considéré comme un de ces actes frustratoires dont les irrégularités ne peuvent vicier une procédure d'ailleurs régulière.

Ainsi, pour nous servir d'une comparaison que tout le monde saisira facilement, si dans un procès-verbal de saisie immobilière, on indique la date de la première publication, ce qui n'est pas exigé par la loi, et que la date indiquée soit fausse, cette énonciation inexacte mais inutile n'entraînera pas la nullité de la poursuite ; on la tiendra comme non avenue.

En résumé rien ne justifie la mesure extrême prise par la Cour de Tulle ; et s'il est vrai qu'il n'y eût que 16 jurés à recuser au lieu de 18, comme l'avait annoncé le président, ce n'était pas un motif suffisant pour annuler le premier tirage.

Il y avait tout au plus lieu de la part de l'avocat général de faire une simple observation, s'il croyait que le président se fût trompé.

Or, cette annulation a causé à l'accusée un préjudice réel. Un des jurés qu'elle avait récusé la première fois, a fait partie en définitive du jury de jugement, parce que son nom est sorti de l'urne après que madame Lafarge avait épuisé son droit de récusation, de sorte que les dispositions hostiles, qu'elle savait exister dans ce juré et qui l'avaient déterminée à le récuser, ont dû s'augmenter encore par le fait même de la récusation. Et qu'on ne dise pas que si madame Lafarge avait intérêt à écarter ce juré, elle aurait dû se réserver au moins une récusation jusqu'à la fin du tirage. Mais dans ce cas, si le nom de ce juré n'était pas sorti de l'urne, ce qui était possible, la réserve faite par l'accusée ne lui aurait pas servi, et une entrave aurait été apportée inutilement à son droit de récusation qui se serait ainsi trouvé réduit de sept à huit.

Supposons maintenant qu'il y eût nécessité d'annuler le tirage, cette annulation ne pouvait en tout cas être prononcée que par le président.

Il suffit d'ouvrir le Code d'instruction criminelle pour se convaincre que tout ce qui est relatif à la formation du jury de jugement ne concerne que le président seul, et que la Cour ne peut entrer en fonctions qu'après que le jury est installé.

L'article 266 porte que le président est chargé de convoquer les jurés et de les tirer au sort.

D'après l'article 393, en cas d'insuffisance des jurés supplémentaires, c'est le président qui désigne en audience publique les jurés qui devront compléter le nombre de trente.

D'après l'article 399, l'appel des jurés non excusés et non dispensés est fait avant *l'ouverture de l'audience*; ce sont les expressions mêmes de la loi.

Enfin, aux termes des art. 309 et 405, les assises ne s'ouvrent et la Cour ne prend séance que quand les douze jurés ont été tirés au sort.

Toutes ces dispositions nous paraissent claires et précises. C'est ainsi que vous les avez, au reste, interprétées dans deux arrêts du 1er décembre 1820 et du 6 mars 1828, que je vous demande la permission de remettre sous vos yeux.

Le premier, rendu sur les conclusions de M. Freteau de Pény, est conçu en ces termes :

« Attendu que d'après l'art. 399, le tableau du jury doit être *formé avant l'ouverture de l'audience de la cour d'assises*, que d'après les art. 309 et 405, la Cour d'assises doit prendre séance immédiatement après la formation du tableau; qu'elle n'a donc pas dû y participer, qu'elle est donc sans caractère pour connaître des réclamations ou des incidents qui peuvent s'élever dans une opération qui doit être faite et consommée avant que ses membres se soient réunis en tribunal pour l'examen qui en doit être la suite; que d'après la relation nécessaire de l'art. 399 et l'art. 395 (*actuellement art. 393 2me §*) et d'après l'essence des fonctions du président , c'est à lui qu'il appartient de diriger la formation du tableau du jury ; que c'est à lui à prononcer sur les contestations qui peuvent s'élever dans cette opération *préliminaire à l'exercice de la juridiction de la cour d'assises.*

Voici le second arrêt :

« Attendu qu'aux termes du § I de l'art. 399 , le tableau du jury de jugement doit être formé avant l'audience ;

» Que d'après les art. 266, 309 et 405, le président de la Cour d'assises est seul chargé de tirer au sort le jury de jugement.

» Que la cour d'assises ne se réunit en séance qu'immédiatement après la formation de ce jury, qu'elle n'y prend aucune part; qu'elle est donc sans caractère pour juger les réclamations qui peuvent s'élever par rapport à une opération antérieure à la réunion de ses membres. »

Je conviens que le 20 juin 1839 vous avez rendu une décision qui se trouve jusqu'à un certain point en désaccord avec les deux que je viens de citer.

Son unique considérant est conçu en ces termes :

« Attendu que si le président de la cour d'assises peut statuer seul sur les incidents qui s'élèvent lors du tirage du jury, on ne peut trouver dans la présence et le concours de la cour d'assises une nullité que la loi ne prononce pas. »

Cet arrêt reconnaît encore implicitement, il me semble, qu'au président seul appartient le droit de vider les difficultés qui s'élèvent pendant le tirage.

Que la cour d'assises n'a pas qualité pour y concourir.

Mais il ajoute que ce concours irrégulier n'est pas une cause de nullité , parce que la loi ne le porte pas textuellement.

Avec tout le respect que je dois à la cour, je ferai observer que cette conclusion n'est pas à l'abri de toute critique.

Il s'agit, en effet, d'une question de juridiction, et vous avez décidé maintes et maintes fois que toute violation de la règle des juridictions

3

entrainait cassation, aux termes de l'art. 408 que j'ai déjà cité.

Il faut donc reconnaitre que le deuxième arrêt rendu par la cour d'assises de la Corrèze, le 3 septembre, est comme le premier entaché d'excès de pouvoir, et ne peut par conséquent se maintenir.

En terminant sur ce chef, je me demande si, indépendamment des vices que je viens de signaler, la formation du jury, à laquelle il a été procédé en exécution de cet arrêt, n'est pas radicalement nulle, par un autre motif;

Si elle n'a pas eu lieu en violation de l'esprit et du texte de l'art. 400;

Cet article porte que le droit de récusation s'arrête quand il n'y a plus que *douze noms* dans l'urne.

Rapprochant cette disposition de celle de l'art 393, qui exige que le jury de jugement soit tiré sur un tableau composé d'au moins trente noms, on doit en conclure qu'il est permis de récuser au moins dix-huit noms.

Ainsi, d'après le droit commun et dans les affaires les moins importantes, c'est un *minimum* au-dessous duquel il n'est pas permis de descendre.

Dans l'espèce qu'est-il arrivé ?

Au moyen de l'adjonction des deux jurés suppléants, ordonnée par la Cour, 1° Le droit de récusation s'est arrêté, alors que QUATORZE NOMS se trouvaient encore dans l'urne, ce qui est contraire au texte de l'article 400; 2° L'accusée n'a pu récuser que huit jurés au lieu de neuf, ce qui est contraire à l'esprit du même article.

Assurément, Messieurs, si le législateur de 1832 avait pu se douter qu'on interprétât ainsi l'art. 394, il n'aurait pas manqué de dire que, dans le cas où l'on voudrait ajouter au jury de jugement deux jurés supplémentaires, il faudrait en ajouter deux également au tableau des trente.

Mais de ce qu'il y a peut-être une *lacune* dans la lo , est-ce une raison pour que, dans les procès précisément les plus graves, on resireigne par induction le droit de récusation, un des plus importants de ceux que la loi accorde aux accusés ?

Nous ne pouvons le croire, et il nous semble que c'est le cas ou jamais pour le président d'user de son pouvoir discrétionnaire ; et que de la combinaison des art. 267 et 393 il résulte qu'il peut valablement désigner en audience publique deux jurés de plus pour porter le tableau à trente-deux. Ce sont-là des doutes que je soumets aux lumières de la Cour et qu'il lui appartient de résoudre.

Je passe aux nullités commises lors de l'audition des témoins.

La belle-sœur de l'accusée a déposé après avoir prêté le serment prescrit par l'art. 317, quoique son témoignage ne pût être reçu aux termes de l'art. 322. 5e MOYEN.

Pour bien apprécier l'incident relatif à ce témoin, il est essentiel que vous sachiez exactement comment il s'est passé. Lorsque madame Buflière est comparue devant la Cour d'assises, le président, au lieu de lui adresser, suivant l'usage, les questions préalables, au lieu de lui demander ses nom et prénoms, si elle était parente ou alliée de l'accusée. a commencé par lui faire prêter serment, et ce n'est qu'après l'accomplissement de cette formalité qu'il lui a fait décliner son nom. A ce moment, le défenseur de l'accusée, qui ne connaissait pas ce témoin, a pu s'apercevoir de son incapacité et s'est empressé de s'opposer à son audition.

Voilà les faits dans toute leur vérité. Au reste notre affirmation est justifiée par les énonciations du procès-verbal.

On y lit : « Un autre témoin a été appelé de la chambre, introduit dans l'auditoire, *et après avoir prêté le serment ordonné par l'article 317 du Cod. d'Instr. crim.*, et après avoir déclaré s'appeler Marie Anne Lafarge, épouse Buflière, Me Paillet, défenseur de l'accusée, s'est opposé à l'audition de ce témoin, en raison de sa qualité de parent avec l'accusée. »

Que s'est-il passé alors ?

La Cour a d'une part, *annulé le serment* de madame Buffière, et d'autre part, le *président* a ordonné *son audition* à titre de simple renseignement.

Il n'est pas douteux que, d'après l'article 322 et d'après votre jurisprudence, madame Buffière n'aurait pas dû prêter le serment exigé des témoins par l'article 317. Mais ce serment une fois prononcé, la Cour avait-elle le pouvoir de l'en relever ? Je ne le pense pas, et je suis d'accord sur ce point, non-seulement avec certains moralistes qui ne concèdent à aucune puissance humaine le droit de délier de la foi jurée, mais avec les catholiques romains qui ne reconnaissent ce pouvoir qu'au chef suprême de l'Église.

Or, dans un pays où la loi constitutionnelle proclame que la religion catholique est celle de la majorité des Français, je suis autorisé à supposer que la majorité du jury se composait d'hommes professant cette religion. Eh bien ! aux yeux de ces jurés, malgré l'arrêt de la Cour, malgré même l'avertissement donné par le président, le serment de madame Buffière n'en a pas moins conservé toute sa force, et ils ont dû ajouter foi pleine et entière à une déclaration dont la justice pourtant se défie et qu'elle considère elle-même comme suspecte de partialité.

En résumé, c'est par une erreur du président des assises que madame Buffière a été admise à prêter un serment auquel la défense n'avait pas été mise en demeure de s'opposer ; l'erreur une fois reconnue, ce témoin devait être écarté complétement du débat, et le pouvoir discrétionnaire n'a pu valablement l'y retenir ; car il n'était plus possible que sa déposition ne parût qu'un simple renseignement à la majorité du jury. Cette déposition a donc ajouté un poids illégal aux charges de l'accusation ; elle a aggravé d'une manière funeste la position de la défense.

S'il y a eu violation de l'article 322, comme j'espère l'avoir démontré, dans l'audition de la belle-sœur de l'accusée, le président n'a pas violé d'une manière moins positive l'article 317 en dispensant du serment M. Léon Buffière.

Il n'existe et il n'a jamais existé aucune alliance entre madame Marie Lafarge et M. Buffière; il n'y a d'alliance qu'entre un conjoint et les parents de son conjoint et non entre un des conjoints et les parents de l'autre ; en un mot, l'affinité n'engendre pas l'affinité. Ce point de doctrine n'est pas douteux. Il a d'ailleurs été tranché par un grand nombre d'arrêts de la Cour, notamment par trois arrêts des 5 prairial an XIII, 11 avril 1811 et 16 mars 1821.

Or, M. Buffière n'était pas le parent, mais simplement l'allié de M. Lafarge. Il ne se trouvait donc pas dans l'exception prévue par l'art. 322; il réunissait en lui toutes les conditions exigées par la loi pour pouvoir être témoin. De là nécessité de lui faire prêter serment. Par conséquent, c'est à tort que M. l'avocat général a déclaré qu'il ne ferait pas entendre M. Buffière à cause de sa parenté avec l'accusée. C'est également à tort que le président, par ce motif, a cru pouvoir l'entendre sans prestation de serment et en vertu de son pouvoir discrétionnaire. Cette double erreur constitue une violation de l'art. 347 et une fausse application de l'art. 322.

Objectera-t-on que M. Buffière, assigné comme témoin, notifié à l'accusée comme témoin, appelé devant la Cour comme témoin, a perdu tout-à-coup ce caractère parce qu'il a plu au procureur-général qui l'avait fait citer, de ne pas s'en servir.

Mais une fois produit, ce témoin n'appartenait plus seulement à l'accusation, il appartenait également à la défense. Il ne pouvait donc être écarté du débat sans le concours de l'accusée, sans qu'au moins elle eût été sommée de s'expliquer. C'est au reste la pratique de tous les jours, et la cour de Tulle a reconnu elle-même la nécessité d'une interpellation, lorsque l'avocat-général, dans la séance du 13 septembre, a déclaré renoncer aux témoins qui restaient à entendre.

« M. l'avocat-général, porte le procès-verbal, a pris la parole et a déclaré renoncer à la déposition de tous les témoins assignés à la requête du procureur général restés à entendre ;

» L'accusée et les conseils interpellés par M. le président sur le point de savoir s'ils renonçaient également à l'audition des témoins estés à entendre , ont tous répondu affirmativement et ont déclaré renoncer à tous moyens à cet égard. »

Il n'y a pas là de doute, d'équivoque sur les intentions respectives; voilà un contrat judiciaire bien et dûment formé, et sur lequel , on le conçoit, il n'est plus possible de revenir.

Dira-t-on maintenant que le lien de droit peut résulter également d'un consentement tacite , et que ce consentement est suffisamment établi dans l'espèce, par cela seul que personne ne s'est opposé aux conclusions de l'avocat-général.

Nous n'admettrons jamais que le silence de l'accusé ou de ses conseils, surtout quand il ne lui a été adressé aucune interpellation , puisse le lier et tourner contre lui. Mais encore faudrait il que ce prétendu contrat judiciaire s'appuyât sur une base légale.

Ainsi dans le cas où l'avocat-général aurait renoncé à l'audition du témoin Buffière, parce que sa déposition lui eût paru superflue et inutile à la manifestation de la vérité, ce qui eût été un motif plausible et valable; nous concevrions jusqu'à un certain point que l'accusée pût y acquiescer même tacitement; mais ce n'est pas par une cause semblable ou toute autre cause justifiable aux yeux de la loi qu'on a dépouillé M. Buffière de sa qualité de témoin. M. l'avocat général considérait en réalité sa déposition comme très importante; il y tenait beaucoup. L'usage qui en avait déjà été fait dans l'instruction le prouverait de reste. Mais , comprenant mal l'art. 322 , à ce qu'il paraît , il se figure qu'il existe un lien de parenté entre M. Buffière et l'accusée, et déclare positivement qu'il ne le fera pas entendre par cette raison seule. C'était évidemment faire déjà un appel au pouvoir discrétionnaire, dans la persuasion que M. Buffière ne pouvait déposer qu'à titre de renseignement. Le président, au lieu d'éclairer l'avocat général, tombe dans la même erreur. La défense devait-elle avertir les organes de la loi de la nullité qu'ils allaient commettre? Devait-elle s'enlever cette voie de salut en cas d'une condamnation imméritée? Non, sans doute. On ne l'a pas interpellée : le fait est constant. Il était donc dans son intérêt comme dans son droit de

garder le silence, de ne prendre aucunes conclusions , suivant l'expression du procès-verbal.

Il y a d'ailleurs ici une question de bonne foi qui domine toute la
discussion. Il est certain que c'est par une fausse application de l'art
322 que l'avocat général et le président ont agi comme ils l'ont
fait.

Ils ont commis une erreur de droit qui doit profiter à l'accusée.

Me voici arrivé maintenant à un moyen péremptoire décisif , un
moyen que je crois à l'abri de toute controverse sérieuse. 5ᵉ MOYEN

Vous n'avez pas oublié, Messieurs, que le procès-verbal des débats contient la déposition faite par Clémentine Servat à la séance du 11 septembre. Or, on ne peut violer d'une manière plus flagrante l'art. 372,
qui défend expressément de faire mention des dépositions des témoins.
Je n'ai pas besoin de rechercher les motifs de cette prohibition, ils sont
faciles à comprendre. Je me contenterai de rappeler que cette disposition figurait déjà dans le Code criminel discuté au Conseil d'Etat en
1804 , et que, reproduite dans tous les projets ultérieurs, elle a été
définitivement admise dans le Code d'instruction criminelle en 1808.
Seulement aucune sanction pénale n'y était alors attachée. C'est le législateur de 1832 qui, le premier, en a prescrit l'observation, à peine de
nullité , sans doute parce qu'une expérience de plus de vingt années
en avait fait sentir toute l'importance. Le paragraphe ajouté à l'art.
372 porte en termes exprès : Les dispositions du présent article seront
exécutées à peine de nullité.

Cette règle inflexible n'admet qu'une seule exception : c'est lorsqu'un témoin vient faire une déposition contraire à ces précédentes
déclarations. Dans ce cas , d'après l'art. 318 , le procureur général
peut requérir le président de faire tenir note des contradictions.

C'est bien sur un réquisitoire de l'avocat général que la déposition
de Clémentine Servat a été consignée au procès-verbal ; mais l'avocat
général a-t-il agi dans les limites de l'art. 318? Evidemment non. D'une
part, lorsqu'il a demandé qu'il fût tenu note de cette déposition, il n'a

pas dit un mot d'où on pût induire que Clémentine Servat lui parût en contradiction avec elle-même. D'autre part, si nous consultons le procès-verbal, nous voyons que ses termes éloignent toute interprétation semblable. On y lit, en effet : « Clémentine Servat persiste à déclarer et à soutenir, etc. » Il n'en faudrait pas davantage pour se convaincre qu'il n'y a jamais eu de variations, de contradictions dans ses paroles; mais il y a un moyen infaillible de s'en assurer encore mieux, c'est de faire le rapprochement de l'instruction écrite et du procès-verbal des débats. Clémentine Servat a été entendue la première fois le 20 janvier 1840 ; appelée une seconde fois devant le juge d'instruction le 10 avril, elle a fait une déposition entièrement conforme à la première, sauf qu'elle y a ajouté quelques nouveaux détails. Enfin la déposition consignée dans le procès-verbal des débats n'est que la reproduction des deux premières.

M. Daverne donne connaissance à la Cour de ces dépositions, et reprend la discussion en ces termes :

La lecture que je viens de vous faire, Messieurs, démontre suffisamment qu'il n'a pas été possible à M. l'avocat-général d'apercevoir des contradictions dans les différentes déclarations de Clémentine Servat. Conséquemment, ce n'est pas en exécution de l'art. 318 qu'il a fait transcrire au procès-verbal celle qu'elle a faite devant les assises. Quel a donc été son motif déterminant? Dans le silence absolu des pièces du dossier, on est réduit à des conjectures, et il faut recourir aux journaux qui ont rendu compte de la séance du 11 septembre. Or, en les consultant, on peut soupçonner que M. l'avocat-général a eu un instant l'intention d'accuser Clémentine Servat de faux témoignage, et qu'il a voulu peut-être retenir sa déposition par écrit comme une sorte de pièce de conviction. S'il est vrai qu'une pareille pensée ait inspiré son réquisitoire, c'était bien le moins qu'il l'exprimât; autrement l'art. 372 pourrait toujours être impunément violé. Il suffirait, après avoir recueilli dans le procès-verbal les dépositions de tous les témoins sans exception, je suppose, de dire ensuite : Il n'en a été fait mention que pour servir ultérieurement de base à une poursuite de faux témoignage.

D'ailleurs, les mesures à prendre contre les faux témoins sont déterminées par l'art. 330; ils peuvent être mis, séance tenante, en état d'arrestation, et l'information commence immédiatement. Le procureur général remplit alors les fonctions d'officier de police judiciaire, et le président celles de juge d'instruction. Aucune formalité de ce genre n'a été remplie vis-à-vis de Clémentine Servat, ni pendant les débats, ni depuis. Aucun acte légal n'établit qu'elle ait réellement été considérée un seul instant comme suspecte de faux témoignage.

Mais j'irai plus loin, et je crois pouvoir soutenir que, dans la supposition même où Clémentine Servat serait venue faire à la justice une déclaration mensongère, il n'y avait nul besoin de violer l'art. 372, pour en conserver la trace. En effet, Clémentine Servat pouvait faire devant les assises une fausse déposition dans les deux hypothèses : soit en persistant dans une déclaration contraire à la vérité qu'elle aurait déjà faite dans l'instruction, soit en venant contredire une première déclaration vraie et sincère.

Dans le premier cas, son mensonge se trouvant déjà constaté dans la procédure écrite, aucune nécessité d'en tenir note pour le retrouver. Quant au second cas, il rentrerait tout naturellement dans les prévisions de l'art. 318. La contradiction entre la déposition faite aux débats et celle reçue dans l'instruction étant manifeste, il serait tout à fait régulier de la mentionner dans le procès-verbal.

Enfin, en dernière analyse, on pourrait peut-être concéder que, pour étayer une poursuite criminelle en faux témoignage contre Clémentine Servat, il fut utile, sinon nécessaire, de consigner sa déposition, soit dans un procès-verbal séparé, soit sur la feuille d'audience, ainsi que cela s'est pratiqué dans l'espèce (le greffier nous apprend, en effet, que la déposition a été portée sur le plumitif et signée par Clémentine Servat, mais nous n'admettrons jamais qu'on ait pu en outre la transcrire dans le procès-verbal des débats ; en un mot, qu'il puisse être dérogé aux prescriptions impérieuses de l'art. 372, hors du seul cas spécialement prévu par cet article.

4

Dans la même séance du 11 septembre, la Cour d'assises a ordonné le dépôt du gâteau, représenté par le témoin Parant.

Cet arrêt, rendu sur les conclusions du ministère public, et sans que l'accusée eût été mise en demeure de s'expliquer sur ces conclusions, a commis une violation du droit de la défense.

A l'appui de ce moyen qui me paraît également décisif, je me contenterai de vous lire les considérants d'un arrêt que vous avez rendu le 11 janvier 1839, et de les faire suivre de courtes réflexions. Voici ces considérants :

« Vu l'article 408 du Code d'instruction criminelle :

» Attendu en droit qu'il ne peut être statué par une Cour d'assises sur un point contentieux qui a donné lieu à des conclusions prises par le défenseur de l'accusé ou par le ministère public, sans que l'autre partie soit entendue ou interpellée de s'expliquer ;

» Attendu que la nullité résultant de l'inobservation de cette règle est substantielle ;

» Et attendu en fait qu'aux termes du procès-verbal d'audience, le défenseur de l'accusé a conclu à ce qu'il plût à la Cour poser les questions ainsi qu'elles avaient été formulées par le résumé de l'acte d'accusation ;

» Que ces conclusions n'ont été consenties ni débattues par le ministère public, qui n'a pas déclaré davantage qu'il s'en rapportait à justice;

» Et que toutefois la Cour d'assises, par un arrêt incident, a décidé que les questions résultant de l'acte d'accusation seraient modifiées.

» En quoi ont été violés les principes de la matière ;

» Casse, etc. »

La doctrine de cet arrêt nous est-elle applicable ? Les conclusions prises par l'avocat général pour faire ordonner le dépôt du gâteau représenté par le témoin Parant n'intéressaient-elles pas essentiellement la défense ? N'étaient-elles pas susceptibles d'être contestées ? Sans aucun doute.

En effet, c'était un point de débat très controversé que la question de savoir si l'accusée avait envoyé à Paris un seul gâteau d'une grande dimension, comme l'attestait Parant, ou plusieurs petits gâteaux, comme l'attestait Clémentine Servat.

Le ministère public adoptait la version du premier, et comme elle devait jouer un grand rôle dans son réquisitoire, il a désiré que le gâteau *fac simile*, comme on l'appelait, que Parant avait fabriqué, et qui devenait pour ainsi dire un témoin muet, fût mis en permanence sous les yeux des jurés. C'était un moyen de les empêcher de perdre de vue un seul instant cette importante déposition à charge. Mais la défense, qui la repoussait, avait un intérêt tout opposé, et elle devait s'efforcer d'écarter tout ce qui tendait à la raviver.

Si donc on l'eût interpellée, ainsi que la loi le prescrit, sur le dépôt demandé par l'avocat général, elle n'eût pas manqué de s'y opposer avec énergie, d'autant mieux qu'en définitive ce gâteau n'était pas une pièce de conviction. En tout cas, c'était là un point *contentieux*, suivant l'expression de l'arrêt que je viens de citer, et qui avait été l'objet de conclusions formelles de la part d'une des parties.

Au reste, plusieurs incidents du même genre se sont présentés dans le cours des débats, et chaque fois le président s'est cru obligé de mettre la défense en demeure de s'expliquer. Ainsi, dans la séance du 4 septembre, l'avocat général ayant requis le dépôt de deux lettres de M. Orfila. « M⁰ Paillet, sur l'interpellation du président, a déclaré y consentir. » Ce sont les termes du procès-verbal. Il en a été de même pour le dépôt de quatre lettres représentées par Barbier à la séance du 9 septembre et de celles produites par M⁰ Bach à la séance du 19 septembre.

De sorte que la Cour de Tulle, en statuant sur le dépôt du gâteau, sans avoir entendu l'accusée, a violé non-seulement l'article 408 du Code d'instruction criminelle, mais encore sa propre jurisprudence.

Il ne me reste plus qu'à dire un mot des réquisitions faites par l'avo- 9ᵉ MOYEN. cat général dans le cours des débats, et non signées par lui. Une pareille omission constitue la violation d'un texte formel de la loi, de l'article 277, portant que les réquisitions de ce genre seront retenues par le greffier sur son procès-verbal et signées par le procureur général. Or, sans parler des conclusions prises à la séance du 12 septembre relativement à l'audition de madame de Nicolaï, la réquisition faite à l'audience du 9 septembre, et tendant au dépôt des lettres représentées par un autre témoin, Denis Barbier, a bien été transcrite dans le procès-verbal des débats, mais elle ne porte pas la signature de l'avocat général, quoique le rédacteur du procès-verbal déclare le contraire. C'est ce dont on peut s'assurer en vérifiant cette pièce.

Il est donc évident que l'article 277 dans sa partie la plus essentielle n'a pas été respecté.

On ne manquera pas d'insister sans doute sur la distinction à établir entre les dispositions prescrites à peine de nullité et celles auxquelles le législateur n'a pas attaché cette sanction ; et on dira que les formalités de l'article 277 sont dans cette dernière catégorie. Nous répondrons que cette distinction ne nous parait pas admissible dans l'espèce, parce qu'il s'agit encore ici d'une formalité véritablement substantielle. En effet la Cour d'assises ne pouvait pas d'office ordonner le dépôt des lettres représentées par Barbier. Son arrêt n'a pu être rendu que sur des conclusions formelles de l'avocat général. Il faut donc que ces conclusions soient régulièrement constatées.

Mais des conclusions non signées n'ont point d'existence légale.

D'ailleurs l'article 277 ne se rattache-t-il pas invinciblement à l'article 372 ? Leur corrélation évidente ne fait-elle pas réagir les dispositions de l'un sur l'autre ? Et si les énonciations du procès-verbal qui émanent du président et du greffier doivent être signées d'eux à peine de nullité, les réquisitions insérées dans ce procès-verbal, qui n'ont pas besoin d'être revêtues de leur signature parce qu'elles ne sont pas leur œuvre, mais qui doivent porter celle du procureur général, substitué pour cette partie de la rédaction en leur lieu et place, ces réquisitions ne deviennent-elles pas une partie tellement intégrante du procès-verbal qu'elles doivent être nécessairement soumises aux mêmes conditions? Sur le mérite de ces dernières observations, je m'en rapporte entièrement à la sagesse de la Cour.

Ici, messieurs, se termine ma tâche. Puisse l'émotion, dont je n'ai pu me défendre, n'avoir pas jeté trop de désordre dans mes paroles ! Puissent mes faibles efforts compter pour quelque chose dans le succés d'un pourvoi que nous avons reçu des mains d'une famille éplorée, d'un pourvoi auquel se rattachent de si légitimes, de si pieuses espérances !

Mais il reste encore plus d'une attaque à diriger contre le funeste arrêt du 19 septembre, et je m'efface maintenant devant un plus habile qui se charge de lui porter les derniers coups.

PLAIDOYER DE Me LANVIN.

Audiences des 10 et 11 décembre 1840.

(Après une courte suspension d'audience, la parole est donnée à Me Lanvin, qui s'exprime ainsi :)

Les développements dans lesquels vient d'entrer mon honorable confrère se rattachent seulement à une partie des moyens de cassation invoqués à l'appui du pourvoi ; d'autres moyens, non moins sérieux, non moins puissants, restent à développer ; et cependant je me demande si la discussion orale de ces autres moyens est chose bien nécessaire, et si je ne devrais pas, en m'abstenant de prendre la parole, vous laisser sous l'impression de la savante et consciencieuse plaidoirie que vous venez d'entendre. C'est qu'en effet il me paraît impossible que la Cour ne soit point profondément touchée des considérations pleines de force et de logique qui font la base de cette plaidoirie, et que déjà elle n'ait pas puisé dans ces considérations des éléments plus que suffisants pour déterminer sa conviction en faveur de la cassation.

Quoi qu'il en soit, ce pourvoi n'est pas un pourvoi ordinaire, et ce qui pourrait se faire dans toute autre cause ne paraît pas possible dans celle qui vous occupe. Le procès intenté à Marie Capelle, remarquable sous tant de rapports, a surtout cela de particulier que les préventions qui s'étaient élevées contre l'accusée dès l'enfance de la poursuite, qui avaient surgi plus nombreuses dans le cours de l'instruction, se sont en grande partie dissipées au grand jour de l'audience. Le public, convié tout entier par la presse au spectacle de ces lugubres débats, a été frappé de la rareté des preuves rapportées par l'accusation et de leur fragilité ; il a été frappé aussi des contradictions dans lesquelles sont tombés les hommes de l'art, tant de fois consultés dans cette affaire ; il a été frappé surtout des tergiversations du ministère public, et, par une espèce de revirement, l'opinion publique, d'abord si hostile à la défense, lui est devenue en quelque sorte favorable. Ce qui est certain, du moins, c'est que le verdict du jury a causé une stupeur presque générale, et qu'aujourd'hui un grand nombre d'hommes éclairés et consciencieux, même parmi ceux qui doutent de l'innocence de l'accusée, font des vœux pour qu'il soit possible de soumettre l'affaire à de nouveaux débats.

Dans cette disposition des esprits, la défense a dû voir l'étendue de ses devoirs et la mesure de sa responsabilité. Elle a compris qu'elle encourrait de graves reproches si elle négligeait d'user de toutes les ressources que les circonstances de la procédure lui fournissent, et d'employer tous les moyens que la loi met à sa disposition.

C'est par suite de cette pensée que je vais développer les moyens de cassation que mon honorable confrère a laissés en dehors de sa discussion : heureux, au reste, de joindre mes efforts aux siens pour la justification d'un pourvoi qui se présente environné des sympathies de la portion la plus éclairée du public ; heureux de concourir avec lui à la destruction d'une procédure où, par une sorte de fatalité, il semble que tout ait été fait et concerté en haine de l'accusée et en violation des formes tutélaires du droit sacré de la défense !

Un des épisodes les plus graves de cette procédure, c'est la production par le ministère public de témoins ne sachant absolument rien du crime, objet de l'accusation, et n'ayant à déposer que relativement au prétendu vol de diamants.

Audition, contrairement aux conclusions prises par l'accusée de témoins ne sachant rien du fait objet de l'accusation et n'ayant à déposer que sur le prétendu vol de diamants.

La défense a vivement réclamé pour que ces témoins fussent écartés du débat.

Le ministère public *n'a pas insisté* et s'en est rapporté à justice

Mais la Cour, par arrêt spécial, a décidé que ces témoins seraient maintenus au débat.

Cette décision de la Cour est-elle bien légale ?

Ne doit-on pas y voir, au contraire, une violation des textes du Code d'instruction criminelle qui ont circonscrit le débat dans les limites du fait spécial, objet de l'accusation ?

Telle est la question à examiner.

Avant de la traiter, qu'il me soit permis de m'expliquer sur une objection préjudicielle soulevée par M. le conseiller rapporteur et qui tendrait à établir : qu'en fait, les témoins produits relativement au vol de diamants n'auraient pas été entendus, et qu'ainsi l'arrêt de la Cour, qui a ordonné leur maintenue au débat, n'aurait, en définitive, causé aucun préjudice à la défense.

A cette objection je réponds :

Qu'elle est *mal fondée en fait, et qu'en droit elle manque de base.*

L'objection est *mal fondée en fait* : et en effet, s'il est vrai de dire qu'à l'audience du 12 septembre, Mme de Nicolaï, l'un des témoins cités relativement au vol de diamants, a refusé formellement de faire sa déposition ; s'il est également vrai de dire qu'à l'audience du lendemain 13, le ministère public a renoncé à l'audition d'autres témoins cités, comme Mme de Nicolaï relativement au vol de diamants, il faut cependant reconnaitre qu'à l'audience du 8, la Cour a entendu un témoin appartenant à la même catégorie. Ce témoin c'est le sieur *Pierre Quatrufaux*, artiste peintre, demeurant à Paris.

Ce témoin n'a jamais rien su du crime objet de l'accusation ; il a été cité par le ministère public parce qu'il est l'ami du S. *Clavel*, et seulement pour déposer des faits à sa connaissance relativement au vol de diamants ; et, de fait, il n'a déposé que sur ce point.

La Cour conçoit qu'il serait difficile de trouver dans la procédure même, la preuve que le sieur Quatrufaux n'a déposé que sur la prévention du vol ; puisque d'une part ce témoin n'a pas été entendu dans l'instruction, et que, d'autre part, le procès-verbal des débats ne mentionne pas et ne doit pas mentionner, à peine de nullité, le contenu aux dépositions faites par les témoins.

Mais ce fait que le S. Pierre Quatrufaux n'a déposé que sur la prévention de vol est de notoriété publique. J'ai sous la main les journaux qui ont paru le 11 septembre; tous s'accordent pour attester le fait et rapportent dans les mêmes termes la déposition du témoin.

Voici MM. ce que je lis dans *le journal le Droit du 11 septembre,* au compte rendu de l'audience du 8.

<blockquote>
M. l'avocat général. — Il serait légal d'entendre la déposition du témoin Quatrufaux, *appelé par moi au sujet du vol des diamants.*

Mᵉ Paillet. — On fera ce qu'on voudra; quant à moi, quoique j'y aie bien réfléchi, je n'ai pas encore bien compris par quel lien l'affaire des diamants se rattachait à celle de l'empoisonnement.
</blockquote>

M. l'avocat général. — C'est un lien moral.

M. l'avocat général fait un petit historique de l'affaire des diamants et demande au témoin quels renseignements il peut donner sur M. Clavet.

<blockquote>
Le témoin. — M. Clavet a été élevé dans une famille où il recevait l'exemple de presque toutes les vertus. Il reçut une éducation brillante, etc. . . .
. . . .
</blockquote>

Ainsi, comme vous le voyez, c'est chose certaine, incontestable, dont il n'est pas permis de douter, que le sieur Quatrufaux, entendu à l'audience du 8, n'a déposé que sur la prévention de vol des diamants.

Nous avons donc le droit de dire que l'objection faite par M. le conseiller rapporteur manque en fait, et que, sous ce premier rapport, elle doit être écartée.

Envisagée au point de vue du droit, l'objection ne repose réellement *sur aucune base solide.*

Mme de Nicolaï a refusé formellement de déposer : cela est vrai ; mais ce qu'il ne faut pas perdre de vue, c'est que cette dame a donné, à l'appui de son refus, des motifs que le jury et la Cour ont entendus et qui sont demeurés acquis au débat oral.

Un arrêt rendu à l'audience du 12 septembre constate que Mme de Nicolaï a déclaré, sur l'interpellation qui lui a été faite par le président, qu'elle refusait de prêter serment, parce que la déposition provoquée par le ministère public se rapportait à des faits qui étaient en ce moment l'objet d'un procès grave entre M. et Mme de Ecotaud, son gendre et sa fille, et l'accusée ; procès dans lequel s'agitaient non-seulement des intérêts matériels, mais encore des intérêts qui touchaient au plus haut point à l'honneur de sa famille et à celui de l'accusée.

Or, comment ne pas voir que ces motifs sont tout à fait accusateurs ; et que, sur la question de vol des diamants, ils ont dû faire sur l'esprit des jurés la même impression que la plus accablante déposition.

Quant aux autres témoins appelés à l'audience du 13, le ministère public a renoncé à leur audition : cela est encore vrai ; mais en même temps (cela est constaté au procès-verbal des débats) il s'est réservé d'argumenter des preuves écrites existantes à l'égard de ce vol.

Et certes il a largement et très largement usé de ces réserves ; ce qu'il se serait abstenu de faire si la Cour avait écarté du débat les témoins produits sur le vol des diamants.

On voit donc que l'arrêt de la Cour sur la maintenue aux débats des témoins assignés pour déposer sur le vol des diamants, n'a pas été un événement indifférent au procès ; que dans la réalité cet arrêt a porté des fruits amers pour la défense ; qu'il a détérioré sa position vis-à-vis du jury ; qu'il est venu en aide à l'accusation ; qu'ainsi l'objection tirée de ce que, en définitive, cet arrêt n'aurait amené aucun préjudice pour l'accusée, doit, sous tous les rapports, être écartée.

L'objection écartée, je pose de nouveau la question :

La Cour a-t-elle pu, sans violer les règles qui renferment tout débat criminel dans les limites du fait spécial objet de l'acusation, ordonner la maintenue aux débats de témoins ne sachant rien sur ce fait spécial et n'ayant à déposer que sur le prétendu vol des diamants ?

En d'autres termes : Lorsqu'un même individu, inculpé à la fois d'un délit et d'un crime, se trouve poursuivi devant la juridiction correctionnelle à raison du délit, et renvoyé devant la Cour d'assises à raison du crime, s'il arrive que le jugement du crime précède celui du délit, est-il permis au ministère public près la Cour d'assises de produire devant cette Cour les témoins du délit concurremment avec ceux du crime ?

Mise en regard des principes généraux du droit, cette question doit recevoir une solution négative.

En effet, il est élémentaire qu'une voie d'instruction quelle qu'elle soit, qu'une enquête notamment, ne peut porter que sur le fait objet du litige, et qu'il est défendu de l'étendre à un fait étranger.

Une voie d'instruction n'a d'autre objet que d'éclairer le juge et de le mettre à même de juger. Or, le juge n'ayant à juger que le fait objet du litige, n'a besoin d'être éclairé que sur ce fait. Il tombe dès-lors sous le sens que les informations ou vérifications à faire devant lui ne peuvent porter que sur ce fait.

C'est donc une règle de bon sens que celle qui défend au juge de faire porter une voie d'instruction sur un fait étranger à celui qu'il est appelé à juger : et, si c'est une règle de bon sens, il est clair qu'elle appartient au droit commun, qu'elle doit être suivie en toutes matières, aussi bien en matière criminelle qu'en matière civile ou administrative.

Pour que cette règle ne pût pas être appliquée en matière criminelle et devant la Cour d'assises, il faudrait au moins qu'un texte de loi vint révéler l'existence d'une dérogation. Or, il n'existe dans le Code d'instruction criminelle aucun article d'où l'on puisse induire la possibilité, pour les Cours d'assises, d'entendre des témoins sur des faits étrangers à celui qui forme l'objet de l'accusation.

Il y a mieux : de la combinaison de divers articles de ce Code, il ressort que la pensée du législateur a été que le débat devant la Cour d'assises fût sévèrement renfermé dans les limites du fait spécial objet de l'accusation, et qu'il ne pût être étendu à d'autres faits.

Cette pensée se révèle dans les art. 241, 315, 271, 337, 342 et 344.

L'article 241 s'explique sur les énonciations que doit contenir l'acte d'accusation ; il réduit ces énonciations à trois : 1° la nature du crime, objet de l'accusation ; 2° le fait et les circonstances qui tendent à aggraver ou diminuer la peine ; 3° la désignation de l'accusé.

L'article 315 se rattache à l'exposé que le ministère public est tenu de faire devant la Cour d'assises après la lecture de l'acte d'accusation. Cet exposé, suivant l'article, ne peut porter que sur le sujet de l'accusation.

Enfin, l'article 271 fait défense au ministère public de porter devant la Cour d'assises une autre accusation que celle résultant de l'arrêt de renvoi, et il fait cette défense à peine de nullité et de prise à partie.

D'un autre côté, l'art. 337 veut que le président ne pose au jury que la question résultant de l'acte d'accusation ; et l'article 342 dispose que : toute la délibération du jury doit porter sur l'acte d'accusation, et que c'est aux faits qui le constituent et qui en dépendent que les jurés doivent uniquement s'attacher.

Il est certain, en présence de ces divers textes :

Que l'acte d'accusation ne doit énoncer que le fait spécial résultant de l'arrêt de renvoi ;

Que l'exposé du ministère public devant la Cour d'assises ne peut porter que sur ce fait ;

Que le ministère public ne peut accuser qu'à raison de ce fait ;

Qu'enfin le jury ne peut être interrogé que sur ce fait, et doit s'attacher uniquement à ce fait et aux circonstances qui en dépendent.

Or, je dis :

Si le ministère public ne peut faire porter son accusation devant la Cour d'assises *que sur le fait spécial objet de l'arrêt de renvoi* ;

Si le jury ne peut être interrogé et ne peut délibérer *que sur ce fait* ;

N'est-il pas, par cela même, évident que le débat devant la Cour d'assises ne peut porter que sur ce fait, et que, par conséquent, l'instruction orale ne peut porter sur un fait étranger ?

C'est que, en effet, la défense faite au ministère public d'accuser devant la Cour d'assises à raison d'un fait étranger, et le devoir imposé au jury de s'attacher uniquement au fait spécifié dans l'arrêt de renvoi, seraient tout-à-fait inconciliables avec la faculté qu'aurait le ministère public de faire porter l'instruction orale sur un fait étranger.

Et, d'autre part, il serait bien difficile de se rendre compte de la légalité, je dirai même de l'opportunité d'une instruction opérée devant un jury, sur un fait dont l'appréciation est en dehors de ses pouvoirs, et à l'égard duquel il est matériellement incompétent pour prononcer.

Je dis donc que la règle qui défend d'instruire sur un fait autre que celui qui est à juger doit être suivie aussi bien devant les Cours d'assises que devant les tribunaux civils, et que le Code d'instruction criminelle, bien loin d'avoir dérogé à cette règle, l'a au contraire consacrée de plus fort.

C'est, du reste, vainement qu'à l'appui de la thèse contraire la Cour d'assises a cherché à se prévaloir de l'art. 324 du Code d'instruction criminelle.

Cet article autorise, il est vrai, l'accusé à faire entendre en Cour d'assises des témoins, soit sur les faits mentionnés en l'acte d'accusation, soit *pour attester qu'il est homme d'honneur, de probité et d'une conduite irréprochable.*

Mais cet article, par cela même qu'il permet l'audition de témoins sur des faits étrangers à celui qui forme l'objet de l'accusation, est *introductif d'une exception,* qu'il est légalement impossible d'étendre et qu'il ne faut appliquer que dans les termes mêmes de l'article.

Or, l'article, en établissant la faculté de faire entendre des témoins sur un fait étranger, l'établit-il en faveur du ministère public ? Non ; il l'établit *seulement en faveur de l'accusé.*

Pourquoi donc admettrait-on le ministère public à user d'une faculté que le texte de l'article ne lui a pas accordée, et qu'il a concédée seulement à la défense ?

« Il faut, dit l'arrêt attaqué, que toutes choses soient égales entre l'accusation et la défense : si l'accusé a le droit de faire entendre des témoins sur un fait étranger, le ministère public doit avoir le même droit. »

Mauvais raisonnement !...

Tout le monde sait :

Que toute accusation, tant qu'elle n'a pas été accueillie par un verdict, est réputée mensongère;

Que tout accusé, tant qu'il n'a pas été déclaré coupable, est présumé innocent;

Qu'enfin la défense a toujours été plus favorablement traitée que l'accusation.

Cette déconsidération légale qui s'attache à l'accusation suffirait déjà pour démontrer tout ce qu'il y a de contestable dans cette proposition de l'arrêt : que les choses doivent être parfaitement égales entre l'accusation et la défense, et que l'accusation doit jouir de tous les avantages accordés à la défense.

Mais il y a mieux; c'est qu'il existe dans notre Code d'instruction criminelle une multitude d'articles par lesquels le législateur a hautement déclaré ses sympathies et ses préférences pour l'accusé, en lui attribuant des avantages qu'il a refusés au ministère public.

Parmi ces articles, on peut citer notamment :

L'article 301, qui dispose que : Si les jurés sont en nombre impair, l'accusé pourra exercer une récusation de plus que le procureur-général.

L'article 335, qui porte que : L'accusé ou son conseil auront toujours la parole les derniers.

Et enfin l'article 352, qui confère à la Cour d'assises, après qu'elle a entendu la déclaration du jury, le droit de déclarer qu'il est sursis au jugement, et de renvoyer l'affaire à la session suivante, et qui lui confère ce droit dans le cas où l'accusé a été convaincu, et jamais lorsqu'il a été déclaré non coupable.

On voit donc que c'est chose assez ordinaire, en matière criminelle, que la défense ait des avantages que n'a pas l'accusation, et qu'ainsi, et par rapport à la faculté conférée par l'article 321, de ce que l'accusé peut user de cette faculté, on n'en saurait conclure que le ministère public puisse aussi en réclamer le bénéfice.

Cette conclusion serait d'autant moins logique que, lorsque le législateur entend qu'un droit qu'il établit ou qu'une faculté qu'il confère puisse être exercée réciproquement par le ministère public et par l'accusé, il ne manque pas de s'expliquer textuellement à cet égard.

C'est ainsi que l'art. 315, sur le droit de s'opposer à l'audition de tout témoin non notifié, déclare conférer ce droit à l'accusé *et au procureur-général*;

C'est ainsi que l'art. 330 sur le droit de requérir l'arrestation immédiate de tout faux témoin, déclare aussi conférer ce droit *tant au ministère public* qu'à l'accusé ;

C'est ainsi, enfin, que l'art. 326, après avoir dit : « L'accusé pourra demander que les témoins qu'il désignera se retirent de l'auditoire, et qu'un ou plusieurs d'entre eux soient introduits et entendus de nouveau, soit séparément, soit en présence les uns des autres ; »

C'est ainsi, dis-je, que cet article ajoute : « *Le procureur-général aura la même faculté.*

Or, à la différence des art. 317, 330 et 326 , l'art. 321 sur la faculté donnée à l'accusé de faire entendre des témoins sur des faits étrangers à l'accusation, n'ajoute pas : « *le procureur général aura la même faculté.* » — Ce qui autorise à dire que c'est sciemment que le législateur s'est abstenu de faire cette addition, et afin qu'il soit bien entendu que la faculté conférée par l'art. 321 est une *faveur personnelle à l'accusé* et dont le ministère public ne peut réclamer le bénéfice.

Sans doute, en interprétant l'art. 321 dans ce sens, on arrive à cette conséquence : que le ministère public est empêché de faire connaître au jury les antécédents de l'accusé.

Mais cet empêchement n'a rien de bien sérieux.

Ou la conséquence des antécédents de l'accusé est utile pour la découverte de la vérité, ou elle est inutile.

Si elle est inutile, l'impuissance dans laquelle se trouve le ministère public de faire connaitre ces antécédents ne présente aucun inconvénient réel.

Si elle est utile, l'art. 269 du Code d'instruction criminelle est là, et le président pourra toujours, en vertu de son pouvoir discrétionnaire, faire entendre des témoins sur les antécédents de l'accusé.

Après tout, qu'on suppose pour un instant au ministère public le droit de faire entendre des témoins sur un fait étranger; qu'on jette un coup d'œil sur les conséquences qui découleront de ce système, et on verra qu'il est en tout point inadmissible.

Un même individu est inculpé d'un délit, plus d'un crime. A raison du délit il y a ordonnance de renvoi devant le tribunal correctionnel ; mais sur le crime la poursuite est bien plus avancée, et la comparution devant le jury doit avoir lieu, je suppose, *mardi prochain à 10 heures du matin.*

Lundi, à 10 heures du matin (pas une minute avant, car telle est la pratique de tous les parquets), l'accusé recevra la notification de la liste des témoins produits par le ministère public.

Qu'arrivera-t-il si cette liste, outre les témoins du crime, se trouve comprendre les témoins du délit ?

Comment l'accusé pourra-t-il faire entendre des témoins sur le délit et balancer les dépositions que feront les témoins du ministère public ?

Pour que l'accusé puisse faire entendre ses témoins sur le délit, il faut que les noms, professions et domiciles de ces témoins soient notifiés au ministère public 24 heures avant l'ouverture du débat.

Or, cette notification, 24 heures avant l'ouverture du débat, sera chose impossible si le ministère public n'a lui-même notifié ses témoins que tout juste 24 heures avant cette ouverture.

D'un autre côté, et en admettant que l'accusé ait encore assez de temps pour notifier utilement les témoins qu'il peut opposer à ceux du ministère public, ces témoins ne peuvent-ils pas demeurer dans des localités éloignées du siége de la Cour d'assises ? et alors n'est-il pas évident qu'ils ne pourront pas comparaitre assez à temps pour être entendus?

C'est ainsi que, si le ministère public peut comprendre dans sa liste des témoins n'ayant à déposer que sur des faits étrangers à l'accusation, il arrivera la plupart du temps que la défense sera prise au dépourvu et placée dans l'impuissance de faire entendre, sur ces faits étrangers, des témoins à décharge; et cela arrivera inévitablement toutes les fois que l'affaire sera de nature à être jugée dans une seule audience.

En vérité, messieurs, ce serait vouloir fermer les yeux à la lumière, que ne pas voir dans de pareilles conséquences la condamnation du système que nous réfutons, et en même temps la justification complète de la proposition qui fait la base de notre critique, à savoir :

Qu'en matière criminelle, la poursuite du ministère public, ses réquisitoires, la délibération du jury et son appréciation ne peuvent porter que sur le fait spécial objet de l'accusation ;

Que par suite l'instruction orale qui doit être faite devant la Cour d'assises ne peut porter que sur ce fait spécial.

Que, par conséquent, le ministère public est sans droit pour faire entendre devant cette Cour des témoins ne sachant rien du fait objet de l'accusation et n'ayant à déposer que sur un fait étranger.

Mais c'est surtout ici, si on se reporte aux faits de l'espèce, qu'il devient impossible de ne pas reconnaître combien cette proposition est incontestable.

Il ne faut pas perdre de vue, messieurs, la position toute particulière et en quelque sorte exceptionnelle dans laquelle se trouvait Mme Lafarge, par rapport à la prévention de vol des diamants, lorsque les débats sur l'accusation d'empoisonnement ont commencé.

Sa position, le 3 septembre, lorsque les débats se sont ouverts devant la Cour d'assises, était telle, *qu'il lui était matériellement impossible de se défendre contre la prévention de vol de diamants,* et c'est ce que vous allez voir.

Le tribunal de Brives avait statué sur cette prévention le 15 juillet; il avait rendu un jugement de condamnation par défaut.

Mme Lafarge avait laissé expirer le délai de l'opposition, mais elle s'était rendue appelante.

Le 14 août, le tribunal de Tulle avait statué sur cet appel; il avait

12

rendu un jugement portant infirmation de la sentence des premiers juges, pour *vice de forme*, et avait *évoqué le fond*. Toutefois, prenant en considération :

Qu'il était juste d'accorder à Mme Lafarge le temps nécessaire pour produire ses témoins à décharge ;

Que ces témoins étant domiciliés dans des localités plus ou moins éloignées, il était impossible, en les assignant de suite, qu'ils pussent comparaître *avant le 20 septembre*.

Le tribunal de Tulle, tout en évoquant le fond, avait remis la cause *au 20 septembre*.

Ainsi, c'était chose certaine et judiciairement reconnue par le tribunal de Tulle :

Que le débat sur la prévention de vol n'était pas possible avant le 20 septembre ;

Que jusqu'à ce jour Mme Lafarge était dans l'impuissance de se défendre contre cette prévention ;

Qu'enfin un sursis jusqu'à ce jour était nécessaire pour qu'elle pût produire ses témoins.

Or, je demande si le débat sur la prévention de vol, qui n'aurait pu être entamé au tribunal de Tulle avant le 20 septembre, a pu être entamé dès le 3 septembre devant la Cour d'assises.

Je demande si le ministère public, qui n'aurait pu faire entendre ses témoins à charge par le tribunal de Tulle avant le 20 septembre, a pu les faire entendre par la Cour d'assises dix-huit jours auparavant.

Je demande si l'audition de ces témoins avant le 20 septembre, qui de la part du tribunal de Tulle, aurait constitué une violation de la chose jugée, une méconnaissance du droit de défense, un scandale judiciaire, peut être considérée de la part de la Cour d'assises comme un acte de légalité.

Ou plutôt je dis :

Que, dans le cas particulier de l'espèce, il y avait raison déterminante pour que les témoins produits par le ministère public ne fussent pas entendus, raison plus grave, plus puissante que toutes les autres, raison d'humanité.

En maintenant ces témoins dans le débat, en les y maintenant nonobstant le conclusions de la défense et en présence de l'impossibilité où se trouvait l'accusée de produire ses témoins à décharge ;

La Cour d'assises n'a pas seulement violé les articles 271, 337, 342 et autres du Code d'instruction criminelle , qui veulent que tout débat devant le jury soit renfermé dans les limites du fait spécial objet de l'accusation ;

Elle n'a pas seulement consacré une extension arbitraire et illégale de la faculté établie par l'article 321 seulement en faveur de l'accusé ;

Elle a fait plus encore : elle a autorisé le débat sur un point où elle savait que la défense était matériellement impossible ; elle a par conséquent porté une atteinte grave au droit sacré de la défense.

Un autre moyen sur lequel nous appellerons l'attention de la Cour, est celui qui se rattache à la manière dont le jury a été interrogé et a délibéré.

D'après l'exposé de l'arrêt de renvoi et le narré de l'acte d'accusation, Mme Lafarge aurait adressé du Glandier à son mari, qui était alors à Paris , un gâteau empoisonné. Ce gâteau, parti du Glandier le 14 décembre, serait arrivé à Paris le 17, et M. Lafarge, après y avoir goûté, aurait éprouvé des coliques et des vomissements.

D'un autre côté, et toujours d'après l'exposé de l'arrêt de renvoi et le narré de l'acte d'accusation, M. Lafarge étant de retour au Glandier dans les premiers jours de janvier, l'accusée aurait introduit, à diverses reprises , de l'arsenic dans ses breuvages, et l'introduction de cette substance vénéneuse aurait déterminé sa mort arrivée le 14 de ce même mois de janvier.

Ainsi , dans le système de la poursuite, deux faits d'empoisonnement auraient été perpétrés successivement : le premier à Paris , à la date du 17 décembre, par l'envoi d'un gâteau; *le second au Glandier,* un mois après, par l'introduction de l'arsenic dans les boissons de M. Lafarge.

Assurément ce sont-là deux faits d'empoisonnement parfaitement distincts l'un de l'autre.

Ils sont distincts *matériellement* et *intellectuellement*;

Ils sont distincts *matériellement*, puisqu'ils auraient été perpétrés dans des localités différentes, à des époques qui ne sont pas les mêmes, et par des moyens qui ne se ressemblent pas.

Ils sont distincts *intellectuellement*; et, en effet, il tombe sous le sens de tout le monde qu'il n'y a ni liaison, ni connexité entre ces deux faits; que la culpabilité de l'accusée sur l'un de ces faits ne suppose pas nécessairement sa culpabilité sur l'autre fait; qu'enfin l'accusation peut être fondée quant à l'un des faits, sans l'être le moins du monde quant à l'autre fait.

Or, lorsqu'une accusation embrasse deux faits qui diffèrent par le lieu, l'époque et le mode de leur perpétration; lorsque ces deux faits, susceptibles de division matérielle, sont également susceptibles de division intellectuelle, comment le président doit-il interroger le jury? comment le jury doit-il voter?

La réponse est dans la loi du 13 mai 1836. Le président doit poser au jury une question *distincte* et *séparée* sur chaque fait; le jury doit voter sur chaque fait *successivement* et *séparément*.

Eh bien! c'est précisément le contraire qui a eu lieu dans l'espèce.

Le président, au lieu de poser au jury deux questions distinctes et séparées et portant, l'une sur le fait d'empoisonnement de Paris, l'autre sur le fait d'empoisonnement du Glandier, n'a posé au jury qu'une seule et même question embrassant à la fois et cumulativement ces deux faits; et qu'est-il arrivé? C'est que le jury, au lieu de voter distinctement et séparément sur chacun de ces faits, n'a fait qu'un seul scrutin comprenant les deux faits à la fois.

Que cette complexité dans la question et dans le vote soit constitutive d'une nullité déterminante de la cassation, c'est, messieurs, ce qui est incontestable en présence de votre jurisprudence constatée par une

multitude d'arrêts, et notamment par l'arrêt inédit rendu le 21 juin
1838, au rapport de M. le conseiller de Dehaussy.

Dans l'espèce de cet arrêt, il s'agissait d'un S. Leceux, accusé d'a-
voir volé trois marmites, mais successivement, à des jours différents.

Le président de la Cour n'avait posé qu'une seule question au jury,
à raison de ce triple vol.

Vous avez cassé ; et je lis dans votre arrêt que : « Lorsque l'accusa-
» tion signale plusieurs faits distincts à la charge du même accusé, il
» doit être posé au jury, à peine de nullité, des questions séparées sur
» chacun de ces faits. »

Même décision dans l'affaire du S. Raymond d'Hénard. L'arrêt est
du 30 mars 1839, il a été rendu au rapport de M. le conseiller Rocher
et sur ma plaidoirie.

Le S. Raymond d'Hénard avait fait usage de plusieurs lettres de
change fausses. sachant qu'elles étaient fausses; mais au lieu de les négo-
cier toutes ensemble, il les avait négociés à des jours différents. Cependant cet usage multiple des diverses lettres de change avait été l'objet
d'une seule et même question soumise au jury.

Vous avez cassé, par le motif que la Cour d'assises devait interroger
distinctement le jury sur chacune des négociations, « *seul moyen*
(ajoute votre arrêt) *de s'assurer de la réunion de voix nécessaire
pour en constater légalement l'existence.* »

J'appelle, messieurs, votre attention sur ce motif de votre arrêt : —
*Seul moyen de s'assurer de la réunion de voix nécessaire pour con-
stater l'existence de chacun des faits.*

C'est qu'en effet, lorsque deux faits sont l'objet d'une seule et même
question soumise au jury, et de la part du jury l'objet d'un seul et
même vote, la réponse du jury ne constate réellement pas, *d'une manière certaine,* que la majorité ait entendu reconnaître l'existence, soit
des deux faits, soit même de l'un des faits.

La réponse affirmative du jury se formant à la majorité, il est permis
de supposer qu'elle a été déterminée seulement par la présence de huit
bulletins affirmatifs.

Or, huit bulletins affirmatifs ne prouvent pas que la majorité du jury ait reconnu l'existence des deux faits; car il est possible que six jurés aient répondu *oui* par suite de leur conviction que *l'un des faits seulement* existe, et que les deux autres jurés aient fait la même réponse par suite de leur conviction de l'existence seulement *de l'autre fait*.

Et ces huit bulletins affirmatifs ne prouvent pas davantage que la majorité du jury ait reconnu l'existence au moins de l'un des faits; car quatre jurés ont pu répondre *oui*, parce qu'à leurs yeux *le premier fait seulement* est constant; tandis que les quatre autres jurés ont pu répondre de même, parce qu'ils considéraient *le deuxième fait seulement* comme établi.

Et remarquez bien, messieurs, dans quel inextricable embarras se trouve un juré, lorsqu'une seule et même question embrasse deux faits dont la perpétration a eu lieu séparément.

Que doit-il répondre si l'un des faits seulement lui paraît démontré ?

Répondra-t-il *oui* ? Mais alors sa réponse, par cela même qu'elle se rattachera à une interrogation portant sur deux faits à la fois, constatera, contre sa volonté, l'existence des deux faits.

Répondra-t-il *non* ? Mais alors il se trouvera nier l'un des faits que pourtant il considère comme établi; et la conséquence de cette négation sera qu'il innocentera un accusé qui, dans son opinion, est coupable et a mérité un châtiment.

On voit donc que, lorsqu'une question soumise au jury comprend indivisément deux faits, la réponse affirmative ne prouve pas que la majorité des jurés ait entendu reconnaître l'existence, soit des deux faits, soit même de l'un d'eux.

Et c'est ce qu'il faut dire, dans l'espèce, de la réponse affirmative rapportée par le jury et faite à une question portant à la fois et cumulativement, et sur l'empoisonnement de Paris, et sur l'empoisonnement du Glandier.

Cette réponse affirmative, nous avons le droit de supposer qu'elle a été déterminée par la présence dans l'urne de huit bulletins affirmatifs seulement.

Or, qui osera assurer que ces huit bulletins se rattachent tous au même fait, soit à celui de Paris, soit à celui du Glandier ?

Qui osera l'assurer, alors que, parmi les huit jurés souscripteurs de ces bulletins, il est possible que quatre, convaincus de l'empoisonnement du Glandier, aient considéré l'empoisonnement de Paris comme non établi, et que les quatre autres, regardant l'empoisonnement du Glandier comme non prouvé, aient été convaincus seulement de l'existence de l'empoisonnement de Paris ?

Et à supposer que ces convictions diverses aient amené la présence des huit bulletins, la conséquence serait qu'en définitive il n'y aurait eu majorité ni sur le fait de Paris, ni sur celui du Glandier, et qu'ainsi, dans l'espèce, le jury aurait rapporté un verdict affirmatif là où, d'après la loi, il aurait dû rapporter un verdict de non-culpabilité ; conséquence effrayante, et dont la réalisation aurait été impossible si le président, au lieu de poser au jury une question complexe embrassant à la fois l'empoisonnement de Paris et celui du Glandier, avait posé deux questions distinctes et séparées : l'une portant sur l'empoisonnement de Paris, et l'autre portant sur l'empoisonnement du Glandier.

Mais, dira-t-on, il faut y prendre garde : De ce qu'une question embrasse deux faits, il n'en résulte pas nécessairement qu'elle soit complexe. Il faut distinguer dans les faits, ce qui est *fait principal* et qui n'est qu'*élément du fait principal*. Une question est assurément complexe, lorsqu'elle comprend deux faits, dont chacun est un *fait principal* ; mais elle ne présente pas l'ombre de la complexité, lorsque les divers faits qu'elle comprend ne sont que des *éléments du fait principal*. Or, dans l'espèce où il s'agit d'empoisonnement, peu importe que, dans le système de la poursuite, l'accusée ait administré le poison à plusieurs fois et à des jours différents : ces divers faits d'administration du poison constituent tous ensemble le fait principal, mais chacun d'eux n'est que l'élément du fait principal ; on a donc pu réunir ces divers faits dans une seule et même question, sans qu'il y ait complexité.

Cette objection, messieurs, est spécieuse, et voilà tout.

Je comprendrais l'objection si l'empoisonnement du Glandier était le seul objet de l'accusation.

Dans cette hypothèse, en effet, c'est vainement que je viendrais dire : qu'au Glandier le poison a été administré à plusieurs fois et à des jours différents, et que le jury devait être interrogé distinctement, séparément sur chacun des faits d'administration du poison.

On pourrait me répondre avec avantage :

Qu'au Glandier les divers faits d'administration du poison ont eu lieu *successivement, d'une manière continue* et, pour ainsi dire, *sans interruption*.

Que ces divers faits, *par cela même qu'il n'y a eu entr'eux aucune solution de continuité*, forment un tout indivisible qui est le fait princial ;

Qu'ainsi chacun de ces faits n'étant que l'élément du fait principal. tous ensemble ont pu et dû être compris dans la même question.

Mais remarquez bien qu'indépendamment de l'empoisonnement du Glandier, qui aurait eu lieu *au milieu du mois de janvier*, l'accusation reproche à l'accusée un autre fait qui aurait eu lieu *au milieu du mois de décembre précédent* : c'est d'avoir adressé à son mari, qui était alors à Paris, un gâteau empoisonné.

Or, entre cet envoi du gâteau empoisonné, envoi fait au mois de décembre, et les divers faits d'administration du poison opérés au Glandier un mois après, il y a solution de continuité.

Il en résulte que cet envoi du gâteau est un fait tout à fait *à part et en dehors du lien de continuité et de succession* qui lie l'un à l'autre les faits du Glandier ; ce qui autorise à dire que : s'il est possible de ne voir dans la réunion des divers faits d'administration du poison opérés au Glandier qu'un seul fait principal dont chacun de ces faits est l'élément, il faut cependant reconnaitre que l'envoi du gâteau à Paris constitue un autre fait principal distinct, sur lequel le jury devait *voter par* scrutin séparé.

Cette proposition est d'autant plus incontestable que l'envoi du gâteau, seul et isolé de tout autre fait, aurait suffi pour constituer le crime d'empoisonnement, aux termes de l'art. 301 du Code pénal, qui qualifie empoisonnement tout attentat à la vie d'une personne par l'effet du poison, quand même il n'en serait résulté ni mort, ni même maladie.

Il est donc impossible de ne pas voir, dans l'espèce et dans le système de la poursuite, *deux* attentats à la vie de M. Lafarge par l'effet du poison, attentats bien distincts et séparés l'un de l'autre, puisqu'ils diffèrent par le lieu, par l'époque et par le mode de perpétration.

Le jury devait être interrogé et voter distinctement et séparément sur chacun de ces attentats.

L'interrogation faite au jury, le vote qu'il a émis, par cela même qu'ils ont porté à la fois et cumulativement sur les deux attentats, sont entachés de complexité.

Cette complexité est telle qu'il est incertain si la majorité des jurés s'est prononcée contre l'accusée.

Vous devez donc casser pour violation de la loi du 13 mai 1836.

J'arrive maintenant, messieurs, à des moyens non moins sérieux que ceux dont je viens de vous entretenir, et qui ont cela de particulier que c'est la première fois qu'ils sont produits devant vous : Je veux parler des divers moyens qui se rattachent à l'application qui a été faite dans l'espèce de la loi du 9 septembre 1835, et que je comprendrai tous dans une seule et même discussion.

Fausse application de la loi du 9 septembre 1835, en ce qu'il a été passé outre aux débats nonobstant l'absence de l'accusée, alors que celle-ci ne refusait pas de comparaître; mais se trouvait dans l'impossibilité physique et momentanée de venir à l'audience.

Vous le savez, messieurs, la loi du 9 septembre 1835 a pour conséquence, lorsqu'elle est appliquée, que le débat a lieu, en tout ou en partie, en l'absence de l'accusé et sans qu'il puisse se défendre.

C'est donc toujours un événement fort grave, je dirai même un événement affligeant que l'application d'une pareille loi.

Dans l'espèce, l'application qu'on a cru devoir en faire est-elle exempte de toute critique ? C'est ce qu'il s'agit d'examiner.

Un principe constant en matière criminelle, c'est que le débat entre l'accusation et la défense, et tout ce qui s'y rattache ne peut avoir lieu qu'en présence de l'accusé.

Ce principe inhérent au droit de défense, et en dehors duquel l'exercice de ce droit serait impossible, est aussi ancien, en quelque sorte, que la législation criminelle elle-même! Il existait sous l'empire du droit romain ; les anciens édits de nos rois, et l'ordonnance de 1660 l'ont consacré de plus fort. On le voit reproduit dans le Code de brumaire ; enfin il est écrit en toutes lettres dans le Code d'instruction criminelle qui nous régit aujourd'hui.

Jusqu'en 1835 ce principe est demeuré chez nous en l'état de principe absolu et sans exception; c'est seulement en 1835 que le législateur a cru devoir le modifier en attribuant, dans certaines circonstances, au président de la Cour d'assises la faculté d'ordonner qu'il sera passé outre aux débats, nonobstant l'absence de l'accusé.

Mais qu'on le remarque bien, la loi de 1835, par cela même qu'elle tend à entraver et même à paralyser l'exercice du droit de défense, est une loi exceptionnelle et exorbitante du droit général.

Comme toutes les lois exceptionnelles, elle ne doit être appliquée qu'avec la plus grande réserve, et seulement aux cas pour lesquels elle a été faite.

S'il se présente des cas tels qu'il soit douteux si elle peut être appliquée, le magistrat, par cela même qu'il y a doute, doit se décider plutôt contre son application que pour son application.

Dans l'espèce, le président de la Cour d'assises a cru voir dans les circonstances qui ont surgi dans le cours de la dernière audience, une raison d'appliquer cette loi. La conséquence a été que l'accusée n'a été présente :

Ni à la lecture du greffier ;

Ni à la réquisition du ministère public pour l'application de la peine ;

Ni à l'arrêt de condamnation prononcé par la Cour ;

Les faits qui ont motivé l'application de cette loi étaient-ils suffisamment déterminants ?

Telle est la question à examiner.

Tout le monde se rappelle les circonstances anormales dans lesquelles est intervenue la loi du 9 septembre 1835 et les considérations qui ont déterminé le législateur à l'édicter.

Des prévenus politiques, traduits devant la Cour des pairs , avaient soutenu que cette Cour était un corps purement politique et sans pou· voir pour les juger ; ils avaient demandé leur renvoi devant le jury.

Malgré le rejet de l'incompétence , ils avaient persisté de plus fort et avaient refusé de comparaître. Toutefois, la Cour, enchaînée par le principe qui veut que le débat n'ait lieu qu'en la présence des accusés, s'était vue dans la déplorable nécessité d'ordonner que les accusés seraient amenés à la barre par la force publique.

Mais alors des luttes s'étaient établies entre les accusés et la gendarmerie ; et ces luttes, commencées dans l'intérieur de la prison, s'étaient continuées avec plus de violence encore, jusque dans le prétoire même et sous les yeux mêmes des pairs.

Des scènes aussi scandaleusement affligeantes étaient bien de nature à éveiller l'attention du législateur : il a voulu les rendre impossibles à l'avenir : de là , la loi du 9 septembre 1835.

La loi du 9 septembre 1835 porte que, si les prévenus ou quelquesuns d'eux *refusent de comparaître,* sommation leur sera faite d'obéir à justice, et que, s'ils n'obtempèrent pas à la sommation, le président, après lecture faite à l'audience du procès-verbal constatant leur résistance, pourra ordonner que, nonobstant leur absence, il sera passé outre aux débats.

Ainsi, « *le refus de l'accusé de comparaître, sa résistance,* » voilà le cas en vue duquel la loi du 9 septembre 1835 a été faite , voilà la condition *sine qua non* de son applicabilité.

Hors le cas de *refus,* ou *résistance,* la loi est sans autorité ; le Code d'instruction criminelle seul doit être appliqué.

Dans l'espèce y a-t-il eu, de la part de Mme Lafarge, *refus de comparaître* à l'audience ? Y a-t-il eu *résistance* ?

Voyons le dossier :

Le procès-verbal des débats énonce : qu'après la prononciation du verdict par le chef du jury, le président a donné ordre à la gendarmerie d'introduire l'accusée dans l'auditoire ; qu'alors le défenseur s'est levé et a annoncé à la Cour.

Que Mme Lafarge *venait de s'évanouir dans la prison ;*

Que, si on l'apportait à l'audience, elle y arriverait *privée de senti-ment*;

Que, sur cette communication, l'avocat général a requis qu'il fût fait application de la loi du 9 septembre 1835 ;

Qu'enfin, sur l'ordre du président, un huissier s'est transporté par devers Mme Lafarge, pour lui faire la sommation préalable prescrite par l'art. 9 de cette loi.

Jusque là, comme on le voit, rien de constaté quant au refus de comparaître, quant à la résistance.

Tout ce qui ressort de ces divers faits :

C'est qu'il a été articulé que Mme Lafarge se trouvait dans « *l'impossibilité physique et momentanée de venir à l'audience* » ;

C'est que le ministère public n'a pas contesté cette impossibilité ;

C'est qu'au contraire, ce magistrat et le président ont vu dans cette impossibilité une raison de procéder conformément à la loi du 9 septembre 1835.

Poursuivons l'examen de la procédure et voyons si le refus de comparaître, si la résistance, qui, jusqu'à présent, ne sont pas constatés le moins du monde, vont se trouver constatés plus tard.

L'huissier revient à l'audience ; il donne lecture du procès-verbal de sommation par lui dressé, et de ce procès-verbal résultent deux faits :

Premier fait. — Qu'au moment où l'huissier s'est présenté, Mme Lafarge *était étendue sur un lit* ;

Deuxième fait. — Que cette dame *n'a voulu répondre*.

Peut-on voir dans ces faits ou dans l'un d'eux *le refus de comparaître, la résistance?*

L'huissier a trouvé Mme Lafarge étendue sur un lit. Cette position, bien loin de prouver la volonté de ne pas comparaître, prouve, au contraire, la véracité de l'articulation faite par le défenseur ; à savoir : que cette dame était évanouie et dans l'impossibilité physique et momentanée de comparaître.

A la vérité, l'huissier énonce dans son procès-verbal qu'elle n'a voulu répondre ; en sorte qu'on pourrait dire : « Ne vouloir répondre à une sommation de comparaître, c'est manifester la volonté de ne pas déférer à la sommation : donc le refus de comparaître est constaté. »

Mais cette objection ne serait que spécieuse.

Elle aurait peut-être quelque portée s'il s'était agi dans l'espèce d'un accusé étant, physiquement parlant, dans son état normal.

En effet, l'accusé qui n'est sous l'influence d'aucun mal physique et qui, sommé de comparaître à l'audience, s'abstient de répondre, fait par cela même savoir qu'il ne veut pas répondre. S'il ne répond pas, ce n'est pas parce qu'il ne peut pas, c'est parce qu'il ne veut pas. Son abstention de répondre est toute volontaire, et s'il y joint l'abstention de comparaître, il y a évidemment refus de comparaître.

Mais tel n'était pas, dans l'espèce, l'état des choses.

Le défenseur de l'accusée avait articulé qu'elle venait de s'évanouir et que, si on l'apportait à l'audience, elle y arriverait privée de sentiment.

La véracité de cette articulation n'avait pas été contestée par le ministère public qui n'avait pas même demandé qu'elle fût vérifiée.

Seulement le ministère public, pensant que c'était le cas de procéder conformément à la loi de 1835, avait fait ses réquisitions en conséquence, et un huissier, sur l'ordre du président, s'était transporté par devant l'accusée pour faire la sommation préalable prescrite par cette loi.

Or, lorsque l'huissier s'est trouvé vis-à-vis de l'accusée, qui assurera que l'évanouissement avait cessé et qu'il ne s'est pas trouvé devant un être inanimé.

Qui osera l'assurer, surtout lorsqu'il a constaté qu'il avait trouvé l'accusée *étendue sur son lit.*

Mme Lafarge n'a pas répondu, cela est constant par le procès-verbal. Mais pouvait-elle répondre? Pouvait-elle entendre? Avait-elle repris l'usage de ses sens?

Est-il bien certain que, si elle n'a ni répondu, ni comparu, c'est qu'elle n'a voulu ni répondre, ni comparaître?

Ne doit-on pas croire, au contraire, que si elle s'est abstenue de répondre et de comparaître, c'est parce qu'elle était encore évanouie et sous l'influence d'une impossibilité physique.

Il faut donc reconnaître que l'abstention de répondre et de comparaître, qui eût pu être considérée comme refus de la part d'un accusé étant dans un état normal, ne peut être envisagé au même point de vue dans l'espèce où l'accusé était dans un état d'évanouissement.

Mais, dira-t-on, il ne faut pas perdre de vue les termes mêmes du procès-verbal de sommation dressé par l'huissier. L'huissier constate, non pas que Mme Lafarge n'a pas répondu, mais, ce qui est autrement significatif, qu'elle *n'a pas voulu répondre*. Ainsi, d'après le procès-verbal, il ne s'agirait pas, de la part de Mme Lafarge, d'une abstention pure et simple de répondre, mais d'une manifestation de sa volonté de ne pas répondre : ce qui serait l'équivalent du refus de répondre dans le sens de la loi du 9 septembre 1835.

A cette objection ma réponse sera courte mais décisive.

Pour que les énonciations d'un procès-verbal fassent foi, il faut qu'elles rentrent dans le pouvoir appréciateur de l'officier qui a dressé le procès-verbal.

Qu'un huissier ait caractère pour constater un *fait matériel qui frappe ses sens*, je le veux bien ; mais tout le monde conviendra qu'il est sans compétence pour constater un *fait intellectuel*, tel que la volonté.

En d'autres termes : la foi due aux procès-verbaux ne s'étend pas indistinctement à tous les faits qu'ils énoncent ; elle s'étend seulement aux faits dont l'auteur du procès-verbal a pu s'assurer par l'usage de ses sens, et particulièrement par *la vue, l'ouïe et le toucher*.

C'est là un point constant en jurisprudence, et que vous avez consacré par un grand nombre d'arrêts, parmi lesquels je me bornerai à rappeler l'arrêt du 26 novembre 1834, dans lequel je lis : « que les procès-verbaux ne font foi jusqu'à inscription de faux qu'à l'égard des *faits matériels* qu'ils constatent. »

Dans l'espèce, le fait dont l'huissier a pu s'assurer par l'usage de ses sens, c'est que madame Lafarge n'a pas répondu, et voilà tout.

Mais le fait que madame Lafarge n'aurait pas voulu répondre est un fait qui se rattache à la pensée de cette dame ; c'est un *fait intellectuel* dont l'huissier n'a pu, dans la circonstance, s'assurer par le seul usage de ses sens, et que par conséquent il n'a pu énoncer dans son procès-verbal sans excéder les limites de son pouvoir d'appréciation.

Il n'y a donc aucune induction à tirer, par rapport au refus de comparaître, de ce que l'huissier a énoncé dans son procès-verbal que l'accusé « n'a voulu répondre. »

Ce procès-verbal ne fait foi, en définitive, que d'une chose :

C'est qu'au moment de la sommation madame Lafarge était étendue sur un lit ;

C'est qu'elle n'a pas répondu à la sommation qui lui a été faite.

Or, si l'on rapproche ces deux faits de cette circonstance révélée par le défenseur et reconnue par le ministère public et par le président :

Qu'après la prononciation du verdict par le chef du jury, madame Lafarge était tombée dans un évanouissement tel, que si on la portait à l'audience elle y viendrait privée de sentiment,

On arrive nécessairement à cette conclusion :

Que la procédure ne constate, de la part de madame Lafarge, qu'une « impossibilité physique et momentanée de comparaître ; »

Qu'elle ne constate pas le moins du monde qu'il y ait eu de sa part ce « refus de comparaître » en vue duquel a été faite la loi du 9 septembre 1835 ;

Qu'ainsi cette loi exceptionnelle était sous tous les rapports inapplicable à l'espèce, et d'autant plus inapplicable, que l'accusée n'étant empêchée que momentanément de comparaître, on pouvait, sans renvoyer la cause à une autre session, « suspendre l'audience pendant une heure, » ou même, si cela était absolument nécessaire, « la continuer au lendemain. »

Maintenant, dira-t-on que la nullité dérivant de la fausse application de la loi du 9 septembre 1835 est couverte, parce que le défenseur de l'accusée, en annonçant à la Cour l'évanouissement de sa cliente, a demandé lui-même qu'il fût passé outre aux débats nonobstant son absence?

Cette considération me préoccuperait peu.

Lorsque le président d'une Cour d'assises croit devoir prendre dans le cours des débats une mesure violatrice de la loi, la nullité n'est pas couverte par cela seul que le défenseur de l'accusé aurait adhéré à la mesure ou l'aurait même provoquée.

Pour que l'adhésion ou le concours du défenseur à une mesure illégale ait pour effet de couvrir la nullité, il faut que ces adhésions, ou concours, aient été donnés ou prêtés en présence de l'accusé ou de son consentement.

Et cela ne suffit pas : il faut encore que la nullité ne se rattache pas aux formes prescrites d'une manière absolue dans l'intérêt de la défense.

Si le défenseur, lorsqu'il a adhéré à la mesure illégale ou l'a provoquée, a agi hors la présence de l'accusé; si, bien qu'il ait agi sous les yeux de l'accusé et même de son consentement, la mesure se trouve comporter une violation des formes prescrites d'une manière absolue dans l'intérêt de la défense, la nullité demeure acquise à l'accusé; il peut toujours s'en prévaloir, et rien ne peut faire qu'il ne soit pas recevable à en exciper devant la Cour de cassation. C'est là, messieurs, un point constant en jurisprudence ; et, entr'autres arrêts, nous pouvons citer particulièrement trois arrêts rendus en 1823 : l'un du 19 juin, l'autre du 20 juin et le troisième du 3 juillet. On lit dans le premier de ces arrêts que : « l'omission des formes prescrites d'une manière absolue dans l'intérêt de la défense des accusés, ne peut être couverte même par le consentement de l'accusé. »

Or, en fait, lorsque le défenseur de l'accusée a annoncé à la Cour l'évanouissement de Mᵐᵉ Lafarge, et a demandé lui-même qu'il fût passé outre aux débats nonobstant son absence, celle-ci n'était pas présente ; le défenseur était seul à la barre.

D'un autre côté, ce passé outre aux débats nonobstant l'absence de l'accusée est une violation des formes prescrites dans l'intérêt de la défense. Elle n'aurait pu être couverte par l'adhésion de l'accusée elle-même; à plus forte raison n'a-t-elle pu l'être par le consentement de son défenseur.

Il n'y a donc aucune induction défavorable à notre critique à tirer de cette circonstance, que le défenseur de l'accusée aurait cru devoir demander lui-même qu'il fût passé outre aux débats nonobstant l'absence de celle-ci; cette demande du défenseur a pris sa source dans une erreur de droit sur l'applicabilité de la loi du 9 septembre 1835, erreur qui, au reste, se conçoit puisqu'elle a été partagée par le ministère public et par le président, mais qui, en aucun cas, ne peut préjudicier au droit de l'accusée.

En résumé, sur le moyen tiré de l'application de la loi du 9 septembre 1835, nous disons :

Cette loi, en ce qu'elle autorise le passé-outre aux débats nonobstant l'absence de l'accusé, est une loi exceptionnelle, exorbitante du droit commun, et qui, dans son application, doit être sévèrement restreinte aux cas en vue desquels elle a été faite.

« *Le refus formel de l'accusé de comparaître, sa résistance* », voilà le cas pour lequel la loi a été faite ; voilà la condition *sine qua non* de son applicabilité.

Dans l'espèce, il n'est pas constaté que Mme Lafarge ait refusé de venir à l'audience ; ce qui est constaté c'est qu'elle était évanouie et dans l'impossibilité physique de s'y présenter au moment où elle en a été requise.

Dans une pareille position, le président pouvait sans doute suspendre l'audience pendant une heure ou deux ; il pouvait aussi, si cela était absolument nécessaire, continuer la cause au lendemain ; mais il ne pouvait pas appliquer la loi du 9 septembre 1835 et passer outre aux débats.

Ce passé-outre, en l'état des faits constants au procès, est l'application la plus déplorable qu'il soit possible de faire de la loi de 1835 ; il est l'atteinte la plus grave et la moins justifiée qu'il soit possible de porter au droit sacré de la défense.

Mais puisqu'on tenait tout, dans l'espèce, à appliquer la loi du 9 septembre, au moins convenait-il d'exécuter cette loi *complétement* et sans restriction, aussi bien dans celles de ses dispositions qui sont favorables à la défense que dans celles prescrites dans l'intérêt de l'accusation.

« Ainsi, après avoir exécuté la première disposition de l'article 9, qui autorise le passé-outre aux débats, nonobstant l'absence de l'accusé, c'était chose juste d'exécuter la disposition finale du même article, qui porte que : *Après chaque audience*, il sera par le greffier de la Cour d'assises *donné lecture à l'accusé du procès-verbal des débats; et qu'il lui sera signifié copie des réquisitoires du ministère public et des arrêts rendus par la Cour* qui seront tous réputés contradictoires.

» De cet article ressortent diverses formalités importantes et qui intéressent au plus haut degré la défense ; car elles ont pour objet de compenser, autant que possible, le préjudice qui résulte pour l'accusé d'avoir été jugé par défaut, en portant à sa connaissance tout ce qui s'est fait hors sa présence.

» Or, de ces diverses formalités, les unes n'ont pas été accomplies ; les autres ne l'ont été que tardivement et incomplétement. Le procès-verbal des débats, qui devait être lu à l'accusée après l'audience du 19, ne lui a pas été lu ; nous devons même dire que, le 19, ce procès-verbal n'était pas encore dressé.

» Peu importe qu'il existe au dossier un procès-verbal spécial constatant que le 19 le greffier a donné lecture à l'accusée du procès-verbal des débats ; peu importe encore que le procès-verbal des débats lui-même énonce qu'il a été dressé et signé le 19. Ces deux constatations sont mensongères : le procès-verbal des débats n'était pas dressé le 19; par conséquent, il est impossible que le 19 le greffier en ait fait lecture à l'accusée. Nous le prouvons dès à présent par deux lettres dont les énonciations méritent toute confiance, car elles émanent l'une du procureur du roi, l'autre du président de la Cour d'assises. Dans ces deux lettres, il est reconnu positivement que le procès-

verbal des débats n'a été dressé et signé qu'à Limoges et postérieure-
ment au 27 septembre.

» Ainsi c'est un fait constant au procès, et dont le bénéfice est irré-
vocablement acquis à la défense, à savoir : que, le 19 septembre, le
greffier n'a pas lu à l'accusée le procès-verbal des débats ; que, le 19
septembre, ce procès-verbal n'était pas dressé.

» Vainement objecte-t-on que l'accusée n'ayant cessé de comparaitre à l'audience qu'après la prononciation du verdict, il n'était
pas nécessaire de lui donner lecture de la totalité du procès-verbal
des débats... Qu'il suffisait de lui donner lecture de la partie du procès-verbal constatant ce qui s'était passé en son absence. D'accord ;
mais a-t-on donné lecture à l'accusée de la partie du procès-verbal
constatant ce qui s'est passé en son absence ? Non, car la lettre de
M. le président de la Cour et celle du procureur du roi attestent qu'au
27 septembre aucune partie de ce procès-verbal n'était encore rédigée.

» On insiste et on dit : « qu'il est constaté au procès qu'après l'au-
» dience du 19, le greffier a donné lecture à Mme Lafarge de l'arrêt et des
» autres pièces prescrites par l'article 9 de la loi du 9 septembre. Or
» (dit-on), la lecture de ces diverses pièces est l'équivalent de la lecture
» du procès-verbal des débats. »

» Cette proposition est quelque peu hasardée. Les pièces énoncées
en l'article 9 précité sont, indépendamment du procès-verbal des débats, les réquisitions du ministère public et l'arrêt de la Cour.

» Or, si le greffier n'a pas donné lecture du procès-verbal des débats (et cela est certain, puisqu'aucune partie du procès-verbal n'était
rédigée le 19 septembre), il n'aurait donné lecure que du réquisitoire
pour l'application de la peine et de l'arrêt.

» Ainsi, cette lecture aurait laissé au-dehors : l'ordre donné par le
président au greffier de lire la déclaration du jury, la déclaration du
jury, l'avertissement fait par le président au défenseur de s'expliquer
sur l'application de la peine, et enfin la réponse faite par le défenseur
sur cet avertissement.

» La lecture prescrite par l'article 9 de la loi de 1835 n'a donc été
faite que très incomplétement. D'un autre côté, a-t-on signifié à l'accusée
copie des réquisitoires du ministère public et de l'arrêt de la Cour ?

Oui ; mais cette signification, qui devait être faite le 19 novembre, immédiatement après l'audience, n'a été faite que le 20, ainsi que cela résulte de l'exploit même de signification qui est au dossier. Encore convient-il de faire observer, qu'à l'audience du 19 septembre, le ministère public a fait en l'absence de l'accusée deux réquisitoires : l'un tendant à ce qu'il fût passé outre aux débats, l'autre tendant à l'application de la peine, et que l'exploit ne contient notification que d'un réquisitoire, sans dire lequel : en sorte qu'il est évident que l'un de ces réquisitoires n'a pas été notifié.

» Et remarquez bien, messieurs, que ces violations diverses de la disposition finale de l'article 9 de la loi de 1835 ne sont pas sans importance. Le législateur, en disposant qu'après chaque audience il serait donné lecture à l'accusé du procès-verbal des débats et que les réquisitoires et arrêts lui seraient notifiés, n'a pas entendu prescrire de vaines formalités. Dans la pensée du législateur ces lecture et signification ont pour but d'ôter au débat qui a eu lieu hors la présence de l'accusé, le caractère d'un débat par défaut, et de lui imprimer fictivement un caractère contradictoire. Cette pensée se révèle dans le texte même de l'article 9 qui signale ces lecture et signification comme devant avoir pour effet que le débat est réputé avoir eu lieu contradictoirement. Qu'en résulte-t-il lorsque, comme dans l'espèce, le procès-verbal n'a pas été lu à l'accusé et que la signification des réquisitoires et arrêts a eu lieu tardivement et incomplétement ? Il en résulte que le débat n'est pas réputé avoir eu lieu contradictoirement ; que la fiction légale, qui a pour effet de régulariser le débat, n'existe pas ; que par suite il y a nullité et cause de cassation.

» Nous ne terminerons pas, messieurs, notre discussion sur les moyens relatifs à la loi du 9 septembre 1835, sans nous expliquer sur un point qui intéresse gravement la défense et qui sera nécessairement le sujet de votre délibération.

» Si la cassation est prononcée pour fausse application de cette loi, quelle devra être la portée de la cassation ? devra-t-elle atteindre la totalité de la procédure ou affecter seulement les opérations postérieures à la déclaration du jury ? Si j'avais pensé que la cassation doive laisser subsister la déclaration du jury, très certainement je me serais abstenu de développer et même d'indiquer un moyen dont le succès serait déplorable, puisqu'il n'aurait d'autre résultat que la prolongation l'agonie de ma malheureuse cliente. Si donc j'ai proposé le moyen tiré de la fausse application de la loi de 1835, c'est parce que, dans mon opinion, la cassation sur ce moyen doit amener la destruction de la procédure entière ; et cette opinion, messieurs, quelques mots suffi- ront pour la faire partager.

» Si la Cour juge que dans l'espèce il y a eu fausse application de la loi de 1835, par cela même elle jugera que la Cour d'assises devait suivre le mode de procéder ordinaire, et se conformer aux articles 357 et suivants du Code d'instruction criminelle. Elle verra donc nécessaire- ment dans l'application faite de la loi de 1835 une violation, notamment de l'article 357 du Code, qui veut que : « après la déclaration du » jury, le président fasse comparaître l'accusé, et que le greffier lise » cette déclaration en sa présence. »

» Or, quelle est la pratique de la Cour lorsqu'après la déclaration du jury, le greffier, par omission ou autrement, n'a pas lu cette décla- ration à l'audience en présence de l'accusé ?

» La Cour casse-t-elle seulement la procédure à partir du moment où le greffier aurait dû faire cette lecture, et renvoie-t-elle devant une autre Cour la déclaration du jury tenant ? Non, la Cour, dans ce cas, casse la procédure entière et renvoie devant un autre jury.

» C'est, messieurs, ce qui résulte de plusieurs de vos arrêts, et particulièrement d'un arrêt du 4 avril 1829. Dans l'espèce de cet ar- rêt, le demandeur se faisait un moyen de ce que le greffier avait oublié de lire en sa présence le verdict prononcé par le jury. Le moyen était assurément invincible ; mais la difficulté était de savoir si la cassation ne devait affecter que la partie de la procédure postérieure au verdict ; et, pour l'affirmative, on disait qu'en définitive la nullité ne portait que sur une opération postérieure au verdict du jury, et que ce verdict et le débat qui l'avait précédé étaient parfaitement réguliers.

» Qu'a-t-il été jugé par la Cour ? La Cour a jugé que la nullité devait rétroagir sur toute la procédure et a renvoyé devant un nouveau jury.

» Voici les motifs qu'elle a donnés :

« Attendu que si, dans l'espèce, le débat jusqu'à la déclaration du jury, et cette déclaration même ne présentat aucune irrégularité, la Cour ne peut toutefois les laisser subsister et renvoyer devant une autre Cour d'assises pour procéder à l'exécution des formalités prescrites par les articles 357, 372, 363, 365 du Code d'instruction criminelle, puisqu'il résulte de l'ensemble de ces articles que c'est en présence du jury que les formalités qu'ils prescrivent doivent recevoir leur exécution. »

» Ainsi , comme vous le voyez , c'est un point reconnu en jurisprudence, que le défaut de lecture par le greffier de la déclaration du jury , en d'autres termes, que la violation de l'article 357 du Code d'instruction criminelle est un vice qui affecte la procédure entière.

» Or, ce vice est celui qui existe dans l'espèce.

» Avoir appliqué la loi de 1835 là où cette loi n'était pas applicable, c'est n'avoir pas appliqué l'article 357 là où il était applicable. La fausse application de loi de 1835 comporte donc toujours et nécessairement une violation de l'article 357.

» Pour décider que le défaut de lecture, par le greffier, de la déclaration du jury, est une cause de nullité de la procédure entière, l'arrêt que je viens de citer se fonde sur cette considération : que, d'après la loi, la lecture d'un verdict ne peut être faite à l'accusé par le greffier qu'en présence du jury qui a rendu ce verdict.

» Cette considération est parfaitement légale , elle s'harmonie tout à fait avec votre pratique, qui n'admet le renvoi devant une autre Cour d'assises, la déclaration du jury tenant , que lorsqu'il s'agit d'un vice propre à l'arrêt même , telle qu'une violation ou fausse application de la loi pénale. Mais à cette considération de l'arrêt on pourrait en ajouter une autre qui est du plus grand poids dans le cas de l'espèce où la loi de 1835 a été appliquée immédiatement après que le verdict du jury a été prononcé. C'est que, dans ce cas, il faut que la Cour d'assises devant laquelle le renvoi sera prononcé puisse user de tous les droits dont la précédente Cour d'assises aurait pu user , et exercer le même pouvoir d'appréciation. Ainsi il faut que cette Cour d'assises soit libre d'user, si bon lui semble , de la faculté accordée par l'art. 352 du Code d'instruction criminelle, de *surseoir au jugement* et *de renvoyer l'affaire à la session suivante,* si elle pense que les jurés se sont trompés au fond.

» Or, comment pourra-t-elle user de cette faculté si la cause lui est renvoyée, la déclaration du jury tenant? Ne tombe-t-il pas sous le sens qu'il lui sera impossible d'apprécier un verdict rendu sur un débat purement oral dont il ne reste aucune trace et auquel elle n'aura pas assisté? On voit donc que la fausse application de la loi de 1835, même lorsqu'elle a eu lieu après la prononciation du verdict du jury, est un vice radical qui infecte la procédure entière; qu'ainsi cette fausse application, lorsque, comme dans l'espèce, elle est établie, doit déterminer l'annulation du verdict lui-même et des débats sur lesquels il est intervenu.

» La tâche de la défense est maintenant, messieurs, singulièrement avancée. Encore quelques instants, et elle sera entièrement accomplie. Il ne me reste plus qu'à examiner si, dans cette affaire, les jurés sont tous demeurés fidèles au serment solennel par eux prêté à l'audience; s'il y a garantie qu'ils n'aient écouté ni la haine ni la méchanceté; qu'ils aient jugé avec l'impartialité qui convient à des hommmes probes et libres; qu'enfin, ils n'aient communiqué avec personne jusqu'après leur déclaration.

» A cet égard, la notoriété publique a révélé des faits de la plus haute gravité et de nature à faire concevoir les doutes les plus sérieux.

» Les défenseurs de l'accusée devant la Cour d'assises ont pensé qu'il était de leur devoir de chercher à les éclaircir et à les constater; et, pour obtenir ce résultat, ils ont employé le seul moyen auquel il leur était donné de recourir. Des sommations de s'expliquer ont été faites à plusieurs personnes honorables qui avaient été signalées comme ayant été témoins de manifestations faites par plusieurs jurés, et comme ayant reçu des communications de leur part.

» Il est arrivé, messieurs, ce qui arrive toujours en pareille occurrence : c'est que les personnes qui ont déféré à ces sommations, ne l'ont fait qu'après avoir élevé les plus grandes difficultés; c'est que plusieurs ont refusé nettement de répondre, en prétendant que la défense n'avait pas caractère pour les interroger, et que l'espèce d'enquête qu'elle s'arrogeait le droit de faire, était une illégalité; c'est enfin que quelques-unes, n'osant pas nier les faits, objet des interpellations, se sont réservé de déclarer ce qu'elles savaient, si la justice croyait devoir les appeler.

» Toujours est-il que les procès-verbaux constatant les interpellations et les réponses qu'elles ont amenées, ont été produits devant la Cour, et que de leurs constatations résulteraient quatre faits de la plus haute gravité:

» Le premier fait, c'est que le sieur Brindel, avant le tirage au sort et l'ouverture des débats, aurait dit : « *Les debats ne m'enlèveront pas la persuasion que j'ai de la culpabilité de madame Lafarge. Je la condamnerai si le sort m'appelle au nombre de ses juges.* » Ce propos, le sieur Brindel l'aurait tenu en présence de madame Dussel, qui l'atteste, et aussi en présence du sieur Bousquet, concierge de la maison de justice de Tulle.

» Le deuxième fait, c'est que le sieur Terrioux, autre juré, n'aurait pas craint de dire en plein café : « *Je désire que les chimistes de Paris trouvent du poison dans le corps de M. Lafarge.* » La manifestation de ce vœu est formellement certifiée par un homme des plus honorables qui en a été le témoin : M. Lafont, avocat.

» Le troisième fait, c'est que le sieur Chambon, faisant partie, comme les deux autres, du jury de jugement, aurait écrit à M. Galvaing, son parent, receveur général, pour lui annoncer que M. Orfila avait trouvé le poison et lui demander ce qu'il fallait faire; c'est que ce dernier aurait répondu: « *Qu'il fallait s'en référer à la décision de M. Orfila, juge suprême dans cette affaire.*

» M. Galvaing interpellé sur la lettre qu'il aurait reçue et sur la réponse qu'il aurait faite, a donné des explications qui, ainsi qu'on devait s'y attendre, ne confirment pas très positivement les faits articulés; mais ces explications sont formellement contredites par M. Drappeau, notaire, par M. Gamet employé des contributions, par M. Mathieu, avocat, et par M. Chavinier, propriétaire.

» Enfin, le quatrième fait c'est que M. Plazaney, autre juré, aurait dit

en présence de **M. Bazougouve** qui l'atteste : « *Je n'ai pas besoin*
» *d'attendre les débats pour condamner Mme Lafarge ; j'en sais assez*
» *comme cela ; si elle a le malheur de tomber sous mon verdict, je la*
» *condamnerai à mort.* »

» Tels sont, messieurs, les faits qui résulteraient des procès-verbaux
que nous avons produits et qui passeront sous les yeux de la Cour.

» Ces faits n'ont assurément pas besoin de commentaire. Il est évident qu'il en ressort, de la part des jurés Brindel, Terroux, Chambon
et Plazaney, des manifestations qui ne permettent pas de croire qu'ils
soient demeurés inaccessibles aux préventions et qu'ils aient jugé avec
l'impartialité qui convient à des hommes probes et libres.

» Maintenant, la Cour peut-elle considérer ces manifestations comme
établies dès à présent d'une manière suffisante ? Nous n'irons pas jusque là ; ce n'est pas nous, qui considérons le droit de défense comme
une religion dont nous sommes les apôtres, qui viendrons soutenir
devant vous qu'une enquête faite hors la présence du ministère public,
et sans qu'il ait été appelé, est un document suffisamment probant
en faveur de l'accusée. Mais on nous permettra de dire que les faits
attestés par les procès-verbaux se présentent avec un caractère de vrai-
semblance tel, que l'accusé doit être admis à en faire la preuve dans
les formes voulues par la loi.

» Il est, en effet, impossible de ne pas considérer comme de puissants
adminicules les dépositions consignées aux procès-verbaux, qui toutes
sont concordantes , émanent de personnes fort honorables et se trouvent revêtues de leurs signatures.

» Or si, d'une part, les faits, à supposer qu'ils soient prouvés, constituent de la part des jurés Brindel, Terroux, Chambon et Plazaney,
des communications prohibées par la loi et de nature à déterminer la
cassation ;

Si, d'autre part, ces faits vous sont révélés avec accompagnement
d'adminicules propres à les faire considérer comme vraisemblables ,
il est évident que c'est un devoir pour vous d'accueillir la demande
de Mme Lafarge, tendante à être autorisée à faire preuve de ces faits.

» En résumé : l'audition par la Cour d'assises des témoins produits

par le ministère public sur le prétendu vol de diamants est une violation des art. 271, 337 et 342 du Code d'instruction criminelle, qui
font défense au ministère public de porter devant la Cour d'assises
une accusation autre que celle résultant de l'arrêt de renvoi, et qui
veulent que le jury ne soit interrogé et ne vote que sur le fait spécial
objet de l'accusation ; elle est une fausse application de l'art. 321 du
même Code, qui accorde à l'accusé seulement la faculté de faire entendre des témoins sur un fait étranger ; enfin elle est une violation
manifeste du droit sacré de la défense, puisque, dans l'espèce, le
tribunal de Tulle, saisi de la prévention du vol des diamants, avait
reconnu que madame Lafarge ne pouvait se défendre contre cette
prévention et produire ses témoins à décharge avant le 20 septembre.

» Le fait du jury d'avoir voté à la fois et cumulativement sur l'empoisonnement de Paris et sur l'empoisonnement du Glandier, alors
que, d'après l'arrêt de renvoi et l'acte d'accusation, ces deux empoi-
sonnements étaient distincts par le lieu, l'époque et le mode de perpétration, est une violation de la loi du 13 mai 1836, qui impose au
jury l'obligation expresse de voter distinctement et séparément sur
chaque fait principal.

» Le passé-outre aux débats nonobstant l'absence de l'accusée,
alors qu'il n'était pas constaté que l'accusée eût refusé de comparaître,
et qu'il était constaté, ce qui est bien différent, qu'elle se trouvait
dans l'impossibilité physique et momentanée de se présenter à l'audience, ce passé-outre est l'application la plus fausse qui ait jamais été
faite de la loi du 9 septembre 1835. Elle est, par suite, une violation
sans cause de l'art. 357 du Code d'instruction criminelle.

» Au reste, les formalités qui, d'après la loi de 1835, doivent
accompagner l'application de cette loi, n'ont pas été accomplies. Le
procès-verbal des débats, qui devait être rédigé après l'audience du
19 et lu immédiatement à l'accusée, n'était pas encore rédigé le 27,
et, par conséquent, n'a pu être lu après l'audience du 19. D'un autre
côté, les notifications qui, suivant l'art. 9 de la loi, devaient être faites à l'accusée, lui ont été faites tardivement et incomplétement.

» Ces diverses violations, messieurs, doivent déterminer la cassation.

» Nous y concluons avec d'autant plus de confiance, que, dans l'espèce, et tout en rendant hommage à la bonne foi des magistrats et aux sentiments d'impartialité qui les ont dirigés, on peut dire qu'il n'y a pas eu bonne administration de la justice.

» Il n'y a pas bonne administration de la justice dans un procès criminel lorsque le ministère public, avant de notifier à l'accusé l'acte d'accusation, permet que cet acte soit publié dans les journaux, qu'il soit livré aux mille voix de la presse, et se rend ainsi complice involontaire d'un appel contre l'accusé aux passions de la multitude.

» Il n'y a pas bonne administration de la justice dans un procès criminel, lorsque le ministère public, cédant à des convictions sincères d'ailleurs, se laisse entraîner à des sentiments d'hostilité contre l'accusé, au point de lui adresser dans le prétoire même les apostrophes les plus injurieuses. *Marie Capelle, vous me faites horreur...* Personne n'a oublié ces paroles de l'organe de l'accusation.

» Enfin, il n'y a pas bonne administration de la justice dans un procès criminel lorsqu'on applique à un accusé qui se trouve dans l'impossibilité physique et momentanée de comparaître, une loi exceptionnelle, exorbitante de droit commun, faite seulement pour l'accusé qui refuse de comparaître; et lorsque la conséquence de cette déplorable application est que le verdict du jury, le réquisitoire pour l'application de la peine et l'arrêt de condamnation sont lus, faits et prononcés en l'absence de l'accusé.

» Et que dire, messieurs, de ces deux expertises faites par les chimistes de Limoges, requises par le ministère public, acceptées par la défense, faites solennellement sous la foi du serment, en présence de la Cour et du jury, et cependant dédaigneusement écartées : et pourquoi? uniquement parce qu'elles étaient favorables à la défense? Que dire encore des préoccupations haineuses du ministère public qui, après ces deux expertises, prend sur lui de convoquer de Paris, par la voie du télégraphe, trois nouveaux experts, et de les convoquer secrètement, à l'insu de la défense, avant même qu'un arrêt de la Cour ait autorisé cet appel? Que dire surtout du rapport de ces trois experts?

» Un demi-milligramme d'arsenic... la millionième partie d'une livre... une quantité matériellement impondérable... qui ne se pèse que dans l'imagination : voilà ce qu'ils trouvent, et ils concluent à l'empoisonnement. Conclusion bien tranchante et bien téméraire, et qui doit être pour ces experts l'élément d'un cruel remords, aujourd'hui qu'il est reconnu par les personnages les plus éminents dans la science, que l'atôme d'arsenic par eux si laborieusement découvert peut s'expliquer par une multitude de causes naturelles et accidentelles.... et qu'il peut provenir notamment, soit de la portion d'arsenic renfermée dans le corps de tout homme, soit de l'impureté des réactifs employés par les experts, soit enfin et surtout du péroxyde de fer qui a été administré à M. Lafarge plusieurs fois et à fortes doses dans les deux jours qui ont précédé son décès.

» C'est ainsi, messieurs, que dans ces longs débats il y a eu, au détriment de l'accusée :

» Violation des lois d'instruction criminelle ;

» Violation du droit de défense ;

» Violation des règles sur l'administration de la justice ;

» Violation même des règles scientifiques.

» Une procédure infectée de vices aussi éminemment substantiels, une procédure qui, du reste, n'a répandu aucune lumière sur la question de l'accusation, et a laissé subsister tous les doutes, une procédure dont la conclusion a été un verdict qui n'a convaincu personne, parce qu'il repose tout entier sur les données scientifiques les plus hasardées : une pareille procédure ne doit pas échapper à la cassation.

» En prononçant sa destruction et le renvoi de la cause devant un nouveau jury, vous donnerez satisfaction à la loi qui a été violée dans ses prescriptions les plus essentielles.

» Votre arrêt obtiendra la sanction des jurisconsultes.

» Il sera accepté avec reconnaissance par les hommes éclairés, non prévenus et consciencieux, qui tous désirent ardemment voir déchirer le voile dont la vérité demeure encore couverte, et qui n'attendent ce résultat que d'une épreuve nouvelle. »

IMP. DE MOQUET ET COMP , RUE DE LA HARPE, 90.